# 社会倫理と仏教

中央学術研究所　編

佼成出版社

# はじめに

法華経の行者・日蓮聖人は、『撰時抄』において「夫仏法を学せん法は必ず先づ時をならうべし」といわれているように、今、どういう時代に生きているのかという認識の重要さに目覚めた仏教者であった。

この「時」について、『法華経』「方便品第二」に「五濁の悪世には　但諸欲に楽著せるを以て　是の如き等の衆生は　終に仏道を求めず　当来世の悪人は　仏説の一乗を聞いて　迷惑して信受せず　法を破して悪道に堕せん」とある。すなわち、五濁の悪世という時代には、人々は諸欲に執着している。そして、一乗の教え（『法華経』の中心思想の一つである多様性と統合の教え）を信じないという。五濁悪世とは五つの汚れがある悪い時代という意味で、五つとは劫濁（時代の濁り）・見濁（思想の濁り）・煩悩濁（煩悩が増長する）・衆生濁（自己中心の人間が増える）・命濁（寿命が短くなる。「いのち」が脅かされる時代）のことである。そして現代社会は、ますます五濁悪世の様相を呈してきているとみることができる。

昨年（二〇一一年）は、日本にとっては東日本大震災に見舞われた大変な年であった。三重苦、四重苦と、未だその傷が癒されず苦しんでいる人々が多い。大きな災害にもかかわらず、被災者の冷静な態度や連帯感を目の当たりにした海外の人々から、日本人のすばらしさ、共同体のつながりの強さに賞賛の声が上がった。それと同時に、組織としての日本が、環境の変化に自らの戦略や組織を変革対応できていないことも指摘された。まさしく、劫濁――時代の濁りで、一国の平和な時代が長く続き、また政・官・業・学の癒着体質によるいわば動脈硬化や金属疲労のようなものが起こり、人災と自然災害の複合災害が起こったとしかいいようがない。

とりわけ、東京電力の福島第一原子力発電所におけるメルトダウンの事故は、内外の原子力政策にも影響を与えている。エネルギー政策の安全性やリスクを新たな枠組みで議論することが避けられなくなった。原子力エネルギーについては、最終的には、我々がどういう社会に住みたいかという価値観の問題に関わってくる。そのため、単純なイデオロギーの論争とせず、地元の共同体の人々も含め、建設的な、多様な議論の場が必要である。開かれた民主的な議論や決定のプロセスも大事になる。

また、これまでの国家主導の原子力政策で引き裂かれた「地域共同体における人間関係の復興」に目を向けるとき、熊本県水俣市で行われている活動が一つの示唆を与えてくれる。水俣もまた今回の原発事故と同様に、国策として推し進められたチッソによって引き裂かれた町だからである。水俣市はいま、環境市として生まれ変わろうとしている。水俣病に苦しみ、その中から生まれた「地元学」（地元に学ぶ）は、いったん壊れてしまった人と人との関係、自然と人との関係を取り戻すことに貢献している。さまざまな立場の水俣市民一人一人が水俣病と正面から向き合い、対話し、協働する取り組みを実践し、「もやい直し」（人間関係の結び直し）をしている。被害者と加害者の立場を乗り越え、行政・市民・被害者は、対話や催しを積み重ねながら水俣の再生に向かって行動している。

ところで、本書の母体となっている「社会倫理研究会」は、一九九二年に中央学術研究所内に「法華経観に基づく社会倫理研究会」として発足した。そこでの研究成果を、本研究所設立三十周年を記念して『共生と平和の生き方を求めて――法華経からのメッセージ』（一九九九年）として刊行した。

それから十年が経過した二〇〇九年、日本の政界では久しぶりに期待感を抱かせる新しい政権が誕生した。現代社会の価値観の転換、つまり、パラダイム（既存の価値の枠組み）の大変革が起こりつつある様に見えた。だが、それは現在、日本人の期待したものとはなっていないように思われる。

社会倫理研究会では、五濁悪世の時代と来るべきパラダイムの大変革を踏まえ、仏教や法華経を基に倫理的なメッセージを発信することができるかという視点で議論が重ねられた。そこでの議論を、本研究所設立四十周年を期して公刊するのが本書である。なお、研究所の新メンバーの陣容と執筆テーマは本書目次の通りである。

本書の編纂にあたり、全体を貫く「仏教」をどのように定義するか。それをあえて言葉で表現すれば、臨床の仏教ということになるだろう。臨床の仏教の立場についての詳細は本編に譲るが、仏教学が余りに言語学的、教理的に傾いているのに対して、実践者の立場として、大乗とか小乗とかもなく、唯一の仏教――「慈悲」に基づいて「悲しみ」に寄り添うことから出発する仏教ということである。執筆者も、それぞれの分野で「抜苦」（苦しみ、悲しみを抜く）を実践され、それぞれの現場で実際に社会的な諸問題に向き合っている方々であることから、あくまでも各分野の「臨床」の立場からの執筆をお願いした。

人間は関係依存の存在として生まれてきている。まずは、親との関係、家族、社会、国家、民族の関係の中に産み落とされて、育ってゆく存在である。宿命としかいいようがない存在である。その宿命からしか出発できないのである。また、生きてゆくためには一人では生きられない、「他者」に依存する存在である。天涯孤独である人も、排他的独善的に生きようとしている人も、「他者」に依存する存在である。家庭、共同体、社会、国家、民族、地球に依存しなければ、生きてゆけない存在なのである。「他者」には、自分を含めた宇宙のすべての存在が含まれている。「他者」には、今の存在者だけでなく、死者や先祖を含む、宇宙のすべての過去の存在者も入る。また、私たちは未来のすべての存在者に対して、「他者」としての責任を負うている。

人間同士のみならず、自然との共生も人類が直面している問題である。根底において、あらゆる異質で多様性に富むものとの共生を志向しなければ生き延びることができない状況に直面している点でも、社会倫理は仏教の倫理に照らし合わせながら考えていく必要があるのではないか。

「深く因果を信じ、一実の道を信じ、仏は滅したまわずと知るべし」という『仏説観普賢菩薩行法経』の一節を引いて、緒言のまとめとしたい。

本書の刊行にいたるまで、社会倫理研究会の座長・眞田芳憲先生には、惜しみなくご尽力をいただいた。その内容の助言とご教導に深く感謝申し上げたい。そして執筆者の方々にも、ご多用のなか玉稿を賜り、重ねてお礼を申し上げる。

最後に、佼成出版社の大室英暁氏と中央学術研究所の中島克久氏のお二人には、ひとかたならぬご厚情を賜った。お二人に恵まれなければ本書は、日の目を見るまでに至らなかったかもしれない。さらに、佼成出版社の平本享也編集長、中央学術研究所の藤田浩一郎次長には、発刊まで諦めずに後押ししていただいた。多用ななか陰役に徹してくださり、感謝に堪えない。

二〇一二年一月二十八日

中央学術研究所所長　篠崎友伸

# 社会倫理と仏教　目次

装丁——本田　進

序章

# いま、生き方が問われている

眞田芳憲

# 一　『法華経』「三車火宅」の譬えと私たち

## 1　「三車火宅」の譬え

『法華経』に「三車火宅」の譬えという教えが説かれている（「譬諭品第三」）。

ある町に年老いた長者が住んでいた。彼の家は広大であったが、門が一つしかなく、しかも、すでに長い年月を経ているために、柱の根はくだけ腐り、梁や棟は傾きゆがみ、壁は崩れ落ち、打ち傾いて危ない有様であった。

その家には、様々な恐ろしい獣や毒虫が巣くい、縦横に走り回っていた。家中に屎尿の臭気が立ち込め、いたる所に不浄物が流れ、虫、鳥、獣が群がり集まって、嚙み合い、踏み合いして争い、骨や肉を食い散らしている。

そのうえ、この家には、山の化け物や水の化け物、夜叉や悪鬼たちが住み、互いにいがみ合い、戦い合って、家のなかを我がもの顔で遊び回る。その性は実に残忍、凶悪、常に飢えに迫られ、髪をふり乱して、毒虫や悪獣の類から人間までが食い争っている。

このように、この広大な家には、人間を毒し害する、様々な悪が満ち溢れていた。

ある日、長者がたまたま外出した折りに、突然、その家の周りから一時に火事が起きた。火は、みるみるうちに家中に燃え広がっていた。

その時、ある人が長者に告げた。「あなたの子供たちが、家のなかで夢中で遊んでいますよ」。長者は驚いて、火の燃え盛る家へ駆け込んでいって、子供たちに家の外に出るよう、言葉を尽くして懸命に呼び叫んだ。

だが、「火とは、どういうものか」、「家とは、どういうものか」、「死ぬとは、どういうものか」を知らない子供たちは、周囲に起こっている事実に、驚きもしなければ、恐ろしいとも思わず、遊びに夢中になって親の言葉に従おうとはしない。

その時、良い智慧が浮かんだ父の長者は、子供たちに呼びかけた。「ここに珍しい玩具がある。羊車と鹿車と牛車が、いま、門の外にある。いま取らねば、きっと後悔するよ。すぐこの火の家から出て来て、好きなものを取って遊びなさい」。

子供たちは、玩具の車の話に飛びついてきて、喜び勇んで、互いに押し合い除け合いしながら、競い争って火の家の外に走り出てきた。そして、「約束の車をください」と、父に口々にせがむのである。

それを聞いた父は、それぞれの子供たちに車を与えた。しかし、それは約束の羊車・鹿車・牛車ではなく、金・銀・瑠璃・瑪瑙など、宝物で飾られた、もっと見事な「大白牛車」を、同じように子供たちに分け与えたのであった。

この「三車火宅」の譬えは、私たちに何を教えようとしているのであろうか。そもそも「火宅」とは何をいうのか。「火宅」とは、火の炎に包まれ、まさにいま焼け落ちようとしている家、まさしく煩悩の火炎に包まれた恐ろしいこの娑婆世界をいう。つまり、「火宅」の譬えとは、私たちこの世の一切衆生が諸々の苦悩に苦しんでいながら、苦しんでいることの苦の何たるかを自覚せず、迫りくる焼死の運命も知らず、いや知ろうともせず、喜戯する小児と同じようなものと教えているのであろう。

## 2　私たちの現実こそ「火宅」そのもの

この「火宅」の譬えは、ただ仏教のうえでの単なる説話でしかないのであろうか。いや、そんなことはない。私たちの日々の生活そのものが、「火宅」以外の何物でもないのである。

たしかに私たちは、科学技術の目覚しい進歩に伴い、生産力も加速度的に発展し、資本主義経済が高度に繁栄し、簡便かつ合理的な生活を可能にしてくれる各種各様の工業製品に取り囲まれ、過去の世代が体験できなかった贅沢三昧の豊富な物質生活を享受している。しかし、この物質的な豊かさや繁栄は、はたして私たちに人間として生きることの幸せや喜びを与えているのであろうか。

まず、私たちの身の周りはどうであろうか。家庭内暴力・離婚・子供の非行・世代間の対立などに顕著に見られる家族の崩壊、暴力や犯罪の上昇、自殺の常態的増加傾向、未成年者の間に広がっている肉体と性を商品化する刹那的享楽、社会の隅々にまではびこっている金儲け至上の物質崇拝、政治家・官僚・企業・マスコミ・大学・医療機関などに対する不信と失望、国内に巣くう各種の差別問題や他民族に対する根深い人種偏見と排他主義の台頭――これらのどれ一つみても、私たちの生活の場である家庭・学校・地域社会・企業・国家などにおける人びとの社会的絆が脆弱化し、政治的危機はもちろんのこと、道徳的危機にも陥っていることを示している。

それでは、目を大きく世界や地球に向けてみよう。いまや、人類の運命共同体である地球そのものが破壊されようとしている。地球温暖化とオゾン層破壊、酸性雨の被害と森林枯死、自然災害、人口問題と資源エネルギーとの相関性、先進国の経済と開発途上国の貧困と環境破壊、戦争や民族紛争による自然環境・社会環境の破壊等々、これらは、まさしく地球滅亡の危機の兆候ではないのか。それにもかかわらず、私たちは、個人と個人、個人と家族、個人と社会、社会と社会、個人と国家、社会と国家、国家と国家のそれぞれの局面において不信と疑惑、疑惑と憎悪、憎悪と怨怒を重ねつつ、口論し、相争い、ときには暴力に訴え、人命を奪い、家庭や社会を解体し、自然を破壊し、地球環境そのものの衰亡を加速化させる民族紛争、戦争、軍拡競争、そして核兵器の開発といった愚行、悪行を繰り返してきた。

私たちを取り巻き、私たちが生きるこのような社会の現実は、まさしく『法華経』の「譬諭品」に説かれている「火宅」そのものと言ってよいであろう。もちろん、私たちは「火宅」という現実を凝視しなければならないのは当然である。しかし、それ以上に重要であるのは、どうして私たちの現実は「火宅」であらねばならないのか、どうすれば、この「火宅」の現実から逃れ出る道が切り開かれるのか、その方策を見出すことであろう。

そうした方策のなかでも最も根源的なものは、他の人びとや他の生物・無生物、そして家庭・社会・国家・世界、そして地球にいたる様々な共同体というものに対する見方、そうした共同体のなかで何が尊重され、何が優先されるべきかについての判断、こうした見方や考え方に基づく生活様式を実践するための倫理体系である。

現代は、まさしくこうした倫理体系の欠如した時代である。表現を変えれば、「価値の真空状態」の時代であり、「精神の空洞化」の時代である。こうした時代相が現代の「火宅」社会を生み出しているのである。それだけに、こうした時代相であるがゆえに倫理の復権、倫理の確立ということが求められてくることになる。

## 二　「あらゆる暴力をのり超え、共にすべてのいのちを守るために」

### 1　第八回世界宗教者平和会議と「京都宣言」

こうした時代的文脈のなかで、近時、「世界倫理」、「地球倫理」、「地球市民倫理」、「共通倫理」など、表現こそ違いはあるが、いずれも個人や家庭の次元から地球規模の次元にいたるまでの倫理体系が、とみに主張されるようになってきた。

そのなかで特に注目すべきものが、二〇〇六年八月二六日～二九日に開催された世界宗教者平和会議（World Conference of Religion for Peace：ＷＣＲＰ）第八回世界大会であった。ＷＣＲＰ発祥の地、京都で開催されたこの世界大会の統一テーマは、「あらゆる暴力をのり超え、共にすべてのいのちを守るために」というものであったが、元々の英語の大会名称は、〝Confronting Violence and Advancing Shared Security〟である。そして、なによりもこの大会名称の後段の〝Shared Security〟（文字通りの訳語では、「共有される安全保障」）という用語が、今日、世界の識者が、人びとの安全が保障される平和な生活というものをどのように考えているかを知るうえで、重要な鍵となる言葉であると見ることができよう。

今日、国連をはじめ、その他諸々の国際機関は、世界の平和と安全を脅かす重大な課題を突きつけられている。国連は、これまでこうした数々の問題に立ち向かい、その解決に努力してきた。とりわけ、一九九四年、国連の『人間開発報告』は、こうした課題の解決に向け、〝Human Security〟（人間の安全保障）という全く新しい概念を提起した。

この〝Human Security〟の思想は、もちろん、ＷＣＲＰも共有するものであった。一九九四年一一月、バチカンとイタリアのリバ・デ・ガルダで開催された第六回ＷＣＲＰ世界大会、そして一九九九年一一月、ヨルダンのアンマンで開催された第七回ＷＣＲＰ世界大会において、ここに参集した世界の宗教者は、「共通の人間的安全保障」（Common Human Security）を誓い合ったのである。

この「共通の人間的安全保障」（Common Human Security）の思想は、二〇〇六年の「京都宣言」においてさらに「共有される安全保障」（Shared Security）へと発展し、深化されていくことになる。

## 2　「共に支え合う安全保障」とは

京都宣言には、「共有される安全保障」（Shared Security）についての明確な概念規定を見出すことはできない。しかし、その意味するところは、宣言文のなかの次のような一文から読み取ることができよう。

「いかなる個人や共同体であれ、他者が苦しみの中にある時自分たちは安全だと思い込むなら、自己欺瞞にほかならない。他者が基本的ニーズを満たせず、弱者の立場におかれているなら、どのように高い防御壁を設けようとも我々はその影響を避けることはできない。他のいかなる国であれ脅威に晒されるなら、どの国も安全ではありえない。最も弱い立場にある人より我々が安全であることはない。」

この「京都宣言」の一文から、次の三つの点を指摘することができる。

第一に、自己の安全と他者の安全とは相互依存の関係にあるということである。個人であれ国家であれ、自己が安全であるためには、他者が安全を共有していなければならない。他者が暴力の中で苦しんでいるとき、そこには自己の安全も脅威にさらされているということである。

第二に、国家・社会の安全を「人間の安全」へと発展させたということである。人びと一人ひとりの「安全保障」は、国家・社会の枠を超克しない限り、真の意味での人びとの安全はありえないということである。

第三に、すべてのいのちを守るための「共有される安全保障」の実現は、社会を構成するすべての部門が暴力に立ち向かう必要性を認識しつつ、複数の利害関係者が連帯し、協力し合って進めていかねばならないということである。

このように認識された「共有される安全保障」の概念は、二〇〇八年七月二日〜三日の「G8北海道・洞爺湖サミット」(G8 Hokkaido Toyako Summit)に向けて開催された「平和のために提言する世界宗教者会議〜G8北海道・洞爺湖サミットに向けて〜」(World Religious Leaders Summit for Peace ~ On the Occasion of the G8 Hokkaido Toyako Summit ~)において、さらに深化されることになる。主催国であるWCRP日本委員会は、〝Shared Security〟についての理解をさらに深めるために、幾度かの討議を重ね、この概念の要素原理として以下の六点にまとめて提示した。

①地球的視野　私たちは、地球共同体の一員として一つの世界を生きている。今日の課題に取り組むうえで、地球的視野を持つことは本質的に重要である。

②相互依存性　私たちはすべて、社会的にも自然生態的にも相互依存のなかで生きている。他者への脅威は、自己への脅威に繋がり、他者の安全は自己の安全へと連動している。

③いのちの尊厳　人間にとどまらず、動植物その他自然のすべてのいのちの尊厳が尊重されねばならない。すべてのいのちの尊厳が、平等に守られなければならない。私たちはすべて、自然環境を尊重しなければならない。

④最弱者層への特別な配慮　私たちは、深刻な貧困や疾病によって生存の危機にある最も弱き人びとを支援する共通の義務を有する。

⑤将来への責任　過去、現在、そして未来が一つの連鎖で結ばれている。私たちは、将来の世代に対しての共通の責任を有している。

⑥多様な行動主体　すべての個人や組織は、「共有される安全保障」の一部である。すべての個人や団体はもとより、各国政府、国際機関、そして市民社会の各種の平和運動組織等の多様な行動主体は互いに協力し合い、協働していく必要がある。

ＷＣＲＰにかかわる一連の国際会議の場で醸成されてきたこの「共有される安全保障」の概念は、私たち自身の家庭や地域社会という足元の問題から国内的問題、そしてグローバルな国際的問題にまでいたる全地球的課題を対象としたものである。しかし、その根本には、いかにしたら私たち一人ひとりがいのちを尊ばれ、平和で、安全な生活を享受できるかという人間の根本的な願いが秘められていることに留意しておかねばならない。それは、仏教が説く「慈悲」、同感共苦の自覚の覚醒が私たちに求められているのである。

# 三　倫理的存在としての「人間」

## 1　倫理の意味

「倫理」という言葉は、ギリシア語の「エートス」に由来する西洋語、たとえば英語の「エスィックス」の翻訳語である。だが、この漢字それ自体は中国で作られた言葉である。

倫理の「倫」には、大別して、二つの意味がある。一つは、「類」「輩」「仲間」から「人間」という意味であり、いま一つは「筋道」「法」「常」、そして「順序」という意味である。

他方、倫理の「理」には「おさめる」「ただす」「ことわり」「すじみち」がある。したがって、「理」は「倫」の第二の意味とほぼ同じということになる。

こうした意味からすれば、「倫理」とは「人間関係の筋道・秩序・理法」ということになる。この意味において、人間が「人間」となるためには、「倫理的に」生きなければならないということになる。

この漢字的原義での倫理の意味に対して、ギリシア語の「エートス」は「住み慣れた場所」「安心して住める場所」を意味するが、同時に「このような住み慣れた土地の習慣」、また「慣習によってしつけられた個人の性格」をも意味する。

「倫理」に相当するギリシア語の「エートス」の原義に従えば、倫理とは、人間が住みやすい生活環境を作り出すために永年にわたって理性的かつ感情的に納得でき、受容できるものとして蓄積された規範の集成ということになる。

私たちが人間として生活しうる安住の地は、その時、その時によって様々であろう。ある時は家庭であり、ある時は学校や職場であり、ある時は地域社会や国家であり、ある時はこうした地域的空間を越えて地球的次元にまで拡大されていくことになる。

現代に生きる私たちに、いま、問われていることは、私たちが「人間」であろうとする限り、家庭から世界にいたるまでの一切の生活環境において、「人と人との間」はもとより、「人と社会」、そして「人と自然との間」でいかに倫理的に生きるかということであろう。

## 2　人が「人間」として生きるということ

人間は、「人と人との間」、「人と社会との間」、「人と自然との間」で生きる存在であるにしても、人が「人間」として生きるということは、いかなることを言うのであろうか。「人間らしく生きる」とは、一言で言えば人間の「あるがまま」に生きるということであろう。そのためには、人間についての「あるがまま」を「あるがまま」に知見することから始めねばならない。

## 時間的縦系列のなかの人間

言うまでもなく、いま、この瞬間に私が存在しているということは、私にいのちを与えてくれた父母のお陰である。父母は、さらにそれぞれの父母から、私から見れば祖父母のお陰でこの世に生を享けている。このように、私の「いのち」の連鎖は無限に過去の世代へと遡っていく。

このように、私が「生きている」ということは、私にいのちを与えてくれた多くの、眼には見えない先祖の生命のお陰である。そうであるとすれば、この生命の連鎖は、さらにどこまで遡ることができるのであろうか。

それは、言うまでもなく、一〇〇年、二〇〇年、五〇〇年へと遡っていく。そして、自分を基点として自分のいのちを生み出してくれた先祖の数を計算してみると、一〇代前で二〇四六人、三〇代前で二一億四七四八万人余人となる。

さらに、これを遡って八〇〇年、一〇〇〇年、一五〇〇年、二〇〇〇年と、中世、古代を経て歴史時代、そして先史時代、さらには現生人類のホモ・サピエンスが登場する地質時代洪積世末期の氷河期（約四万年〜一万年前）まで連綿として続いていくことになる。

そうすると、私一人のためにいのちを与えてくれた先祖はどれほどの数にのぼるのであろうか。これだけでも、もはや天文学的数字になる。

しかし、このホモ・サピエンスが人間のいのちの起源ではない。一五〇億年前「無」から誕生したという宇宙にわれわれの銀河系が生まれたのは一〇〇億年前、そしてその銀河系のなかに太陽系が誕生したのが五〇億年前であり、その太陽系星雲のなかで地球が形成されたのは四六億年前のことであったと言われている。

そして、四〇億年前に太陽系のなかで唯一「水の惑星」となった地球上に、初めて「いのち」が誕生したのは、三八億年前のことであったと推定される。

しかも、その原始の「いのち」は、旧ソ連のオバーリン博士（一八九四〜一九八〇）によれば、始原大気のなかのメタンやアンモニアがもとになって生物のからだの原基となった炭素の化合物（有機物）が生じ、それが海のなかに固まり、互いに作用し合ううちに次第に複雑な有機物となり、最後に蛋白質が形成されるが、その蛋白質の固まりが単細胞生物ということになる。

このようにして誕生した生物は、地球上の環境に対応しつつ進化し、種々様々な緑色植物や巨大な爬虫類を生み出し、二億年前には哺乳類が出現した。そして、五〇〇万年〜四〇〇万年前に人類の祖先と言われる猿人が登場することになる。

このようにしてみてみると、私たち一人一人のいのちは、三八億年という地球のいのちの全歴史をその内に秘めていることになる。しかも、地球のいのちの全歴史を一本の巨大な長さの鉛筆に譬えれば、私たち一人一人のいのちは、まさにその最先端の芯に位置することになる。

私たちは、「眼には見えない存在」、量ることのできない無限の過去によって、いま、この一瞬を生かされているのである。表現を変えれば、私たちは、生と死の現象を超えた「永遠のいのち」によって生かされているのである。

### 空間的横系列のなかの人間

たしかに、私たちに直接、いのちを与えてくれたのは私たちの父母である。しかし、他方、私たちのいのちをこの世に導き入れてくれたのは、父母に加えて、出産を助け、産後をみとってくれた助産師や医師の力に負っている。

さらに、乳児期を終え、保育園や幼稚園に入園、小・中学校や高等学校を卒業し、専門学校や大学に進学、卒業し、社会人や職業人として生きていくにあたり、家庭・学校・地域社会の様々な人びとのお陰を被って生きており、いわばそれらの人びとによって生かされて、生きているといってよい。

それのみならず、私たちのいのちの糧となる米・麦・豆類などの穀物から青果類、各種の肉類から魚介類をはじめとして、衣食住にかかわる生活関係物資はすべて、それらの生産と流通を業とする人びとのお陰で入手することが可能であり、それによって私たちはいのちを維持しているのである。

それに加え、これらの人びとは国内の日本人であるとは限らない。おそらく一生涯のうち訪れることもなく、見聞することさえないと思われる世界各国の様々の地域や海域に住む異国の人びと、いわば「眼に見えない他者」に属する人びとにも生きるうえでの恩恵を被っている。

他方、私たちが「生かされている」のは、「眼に見える他者」であるか、「眼に見えない他者」であるかを問わず、人間だけであるとは限らない。私たちは、疑うべくもない事実として天地からの大いなる恵みを受けて、いわば自然に抱擁されて生きている。

その意味において、私たち人間は「人と人との間」にある社会的存在であるだけでなく、「自然と人との間」にある自然的存在でもある。言うまでもなく、人間は「自然」なくしては生存しえない存在であるからである。

たとえば、人間は、しばしば「万物の霊長」と呼ばれる。はたして、そうであろうか。いま、仮に二つの鼻腔と一つの口の三つの部分を塞げば、人間はわずか数分のうちに息絶えてしまう。「万物の霊長」を誇称する人間存在であっても、空気、とりわけ酸素がなければ、人間は生存することができない。

この酸素の生産者が、他ならぬ緑の植物である。その意味で、人間は、生態的には「緑の植物の寄生虫」の立場でしか生きていけない存在であり、生態系という生命共同体の一員でしかないのである。

私たちは空間的な場のなかにおいても相互依存の関係から離脱して生きることは絶対的に不

可能である。私たちは、人間として「人間らしく」生きることを欲するならば、この現実を凝視し、人間存在の「あるがままに」生きるよう努めなければならないであろう。

私たちは、私たち一人ひとりが「人間らしく」生きるためには、時間という縦の関係においても、空間という横の関係においても、互いに関係し合う相互依存のなかで存在していることに気付かねばならない。それと同時に、私たち一人ひとりが地球のいのちの全歴史を背負っている存在だということにも気付かねばならない。この厳粛な事実に気付くとき、はじめて私たちは、「主体的に生きるとは何か」、ということの意味が明らかになろう。

### 3 「倫理的に」生きるということ

人間は動物である。動物は生物である。生物は自然の一員である。自然の摂理ともいうべきこの厳然たる事実を、私たちは「ありのまま」に凝視すべきである。そのとき、私たちは「いのち」の一点において、人間を含むすべての生命体には、まったく平等で固有の価値と、それに基づく倫理的価値があることに気付くはずである。

それは、仏教、とくに大乗仏教的表現を用いれば、「一切衆生悉有仏性」「草木国土悉皆成仏」「牆壁瓦礫《しょうへきがりゃく》の成仏」ということになる。この世に存在するものは、すべて一つの生命体の構成要素であり、「仏性」という固有の価値を共有し、相依相関の依存関係の中で生きている。ここにおいても、仏教でいう縁起の理法が厳然と貫徹している。

まことに「生きる」ということは「生かされている」ということである。しかし、他面、「生かされている」ということは、私たちが日々の食卓で植物や動物、そして魚介類を食して生きているように、時には、自己を生かしてくれる他者を殺し、そのいのちを奪うことを意味する。だが私たちは、私たちのいのちを支えてくれるために食材となって自分のいのちを提供してくれるこれらの動植物や魚介類などの「声なき声」に耳を傾けたことがあるだろうか。その「声なき声」には、時には喜びの声もあるかもしれないが、時には悲しみの声、怒りの声、嘆きの声もあることを、私たちは自覚しているであろうか。まことに私たちが「生きる」ということは、時間的にも空間的にも、他者のいのちを奪いつつ、その犠牲のうえに「生かされている」ということを深く心にとどめておかねばならない。

人間は、根源的に互いに「生かされて生きる」存在であり、他者との関係依存のなかでしか生存しえない存在である。それゆえに、ここから自己を生かしてくれる他者、時には自己のいのちを犠牲にしてまで自己を生かしてくれる他者に感謝して「生きる」義務と責任が生じることになる。

人間は、仏教的に言えば、縁起の理法の論理的必然の結果として、年齢・性別・人種・言語・民族・国籍などの相違を超えて互いに連帯し、助け合い、協働していかねばならない責務を負っている。それが人間の人間たるゆえんなのである。人間は、縁起の道理から逃れることはできないのである。

### 4　倫理的に生きることの責任

人間は、いかなる意味においても「生かされて、生きる」自然的・社会的存在として根源的に宿命づけられている。したがって、人間が人間として「生きる」ということは、この人間の本来の姿をありのままに生きるということにほかならない。永六輔氏の作品に、次のような珠玉の詩がある（『大往生』岩波新書、一九九四年、一九四ページ）。

生きているということは
誰かに借りをつくること
生きてゆくということは
その借りを返してゆくこと
誰かに借りたら
誰かに返そう
誰かにそうして貰ったように

## 誰かにそうしてあげよう

人間は、この世に生を享けて一気に「人間」になるのではない。自己が「生かされて、生きる」人間存在であることを考えることも、そしてそれに基づく生き方を選ぶこともせず、専ら自己中心の衝動に身をゆだねるとすれば、それはなんという驕りか、いかに自らを辱めるものであるかに気付かねばならない。

人間が本来的に「生かされて」生きる存在であるならば、「生かされている」恩恵を他者に報いつつ、生きていかねばならないのは当然である。「受ける」恩恵だけを受け、自分だけの幸福を追い求め、「与える」ほうは知らぬ顔、他人の不幸はどうでもよいというのでは、人間失格ということになる。

「生かされている」存在であるがゆえに、人間は他者に尽くし、すべてのものの幸福を願って生きる責任を生来的に負っている。仏教では、これを「知恩報徳」「報恩感謝」という。

この知恩報徳・報恩感謝は、「いま、かく生きる」ことの喜びと感謝を通して「生きる」ことの責任と使命を私たちに教える。私たちに直接的に「いのち」を与えてくれた、最も身近な父母・祖先から地球のいのち、そして共に生かされている同胞たる人間、さらにはすべての生物・無生物・森羅万象ことごとくに感謝を通して「生かされている」ことの責任を、私たちは果たしていかねばならない。

しかも、その責任は過去・現在の世代に対してだけでなく、いまだ生まれざる未来の世代に対しても負わねばならない。なぜなら、私たちのいのちは、ひとり私たちだけのものではなく、過去から無限のいのちの連鎖のなかで、連綿として受け継がれてきた「いのち」の最先端に位置するものであり、それゆえにこの「いのち」は未来の世代に引きわたされなければならないものであるからである。

私たちは、未来世代の人びとのためにも生きねばならない。私たちが「こうして欲しい」と願うのと同じように、未来世代の人びとに接していかねばならない責任を負っている。

一九九一年一〇月二八日から一一月二日にかけて、ネパールのカトマンズで開かれた第四回アジア宗教者平和会議において採択された「カトマンズ宣言」に、次のような一節がある。

二一世紀に向けて、我々は自然と平和的に共存しなければならない。自然の尊重は、人間と自然との適切な関係の認識に基づくものであらねばならぬ。こうしたところから、動植物の権利という新たな考えが要求されるであろう。人権の観念は、ひとり人間にとどまらず、生物・無生物にも及ぼされるべきであろう。これに関連して、きれいな環境に対する未来世代の権利も強調されねばならない。こうしたより広範な人間その他の権利の解釈によって、我々はアジアにおける人間と自然の保護に、より周到に対処することができる。
地球は我々の子供たちの家である。

この世に人間として生まれた私たちは、生活のあらゆる局面において、過去から受け継いだこの「いのち」を、この「社会」を、この「世界」を、そしてこの「地球」を、より人間的に、より住みやすいように、より明るく、より平和に、より美しく光り輝くものにして、これを未来世代の人びとに手渡していく責任と使命を負うている。

# 第一章

# 「抜苦」から「与楽」へ

## 臨床の仏教から「法華経」の一乗精神への視座

【仏教】……………篠崎友伸

## 一　はじめに——生物多様性と多様な関係性を見つめて

近・現代人は近代科学の知によって、ひたすら自然を対象化し、管理していくという思想のもとで、快適な生活を追い求めてきた。人間の快楽主義的かつ功利主義的傾向は、近代の科学・技術の知と結びつき、人類の生活に地球的な規模での大変革をもたらした。これを豊かで便利な生活であると私たちは無批判に謳歌してきた。だが、その発展の裏側で、今日、人類史に例をみない深刻な環境汚染、環境破壊の問題が引き起こされている。地球温暖化の原因である温室効果ガスの問題や人口爆発による食糧問題、水問題、衛生問題、メタル資源の獲得競争、石油資源の枯渇、土壌汚染、……これら様々な深刻な問題は、一国、一地域、一経済文化圏の発展志向において助長され、地球（生物）資源が有限であると分かりつつ貪りつづけてきた結果でもある。大気や海洋などのオープンアクセスへの領域に対し、利用しない（配慮する）のが損であるとばかりに、いまだ「コモンズの悲劇」（Garrett Hardin, 1968）が起こりつづけている。

コモンズとは共有地をさす。共有地は、活動に必要なコストを負担せず、ただ乗りする牛飼いたちによって必ず衰退させられるというのが、この悲劇である。無制限に開放された共有の牧草地は、利益の最大化を求める利己的な牛飼いたちにとって、自分が牛を増やさなければ他の者が増やしてしまい、取り分の減ってしまう競争の共有地なのである。

これまで人類は〈自然〉に対し、無尽蔵な恩恵と浄化力を備えているものとして、あまりに無頓着に接してきたが、その有限性が目に見えて分かるようになった。地球温暖化防止については、ようやく各国による共通の枠組みづくりのための取り組みがなされはじめたところであるが、これらの諸問題は、もはや、一国、一経済圏では対処できないほどにグローバル化し、その対応のため人類は同じテーブルにつくことを余儀なくされている。

その一方、一国の政治体制や民族、宗教の帰属意識はより先鋭化し、石油資源をはじめとする限られた地球資源の収奪競争がいまだ行なわれ、地球上、いたるところで紛争が絶えることがない。このような世界情勢のなかで、排他的独善的な一宗一派による自宗のみが尊いといった宗教観では、およそこれらの問題に対応できないばかりか、宗教そのものへの信頼も失墜すると言わなければならないであろう。

ユダヤ・キリスト教には「スチュワードシップ」という言葉で表される人間が自然の管理者であるといった発想がある。神から委ねられた恵み（神の財産）に対し、責任をもってこれを管理し、恵みに応えることのできる管理人たらんとする思想である。近代の科学・技術の知の根底にある主客二元論と相俟って、ここで客体化された〈自然〉は〈モノ〉としての操作の対象となり、取り崩され使い捨てられてきた。しかし、地球の資源が人類の必要を満たすためにあるという発想において今日の状況を打破していけるのだろうか。

近代の科学知のなかでも最近は生物多様性という知が注目を浴びている。今日の地球上に見られる生物多様性は三八億年の進化の結果であるといわれる。生態系は循環のなかで持続可能な地球という環境の価値を生み出してきた。太陽のエネルギーを植物がとらえて酸素を生み、その酸素を取り込む生物が生まれて二酸化炭素をはき出す。植物を食べる生物が現れると、またそれを食用とする生物が現れ、その排泄物を分解する生物もいるといった複雑多岐にわたる連鎖がある。生物がいたからこそ大気圏も生まれたのだという。しかし、その生物は互いにせめぎ合いながらも、自分の「分」を守って慎ましく生きてきた。このことを生物学用語でニッチというが、地球の循環環境が「動的平衡」のなかでこれまで維持されてきたのは、生物が自分のニッチを守り、食物や生活スペース、活動時間などを可能なかぎり競り合わないように、それぞれが退却し合って棲み分けてきたからだという。その関係性にこそ今の時代の議論のポイントがあるであろう（福岡伸一）。

『国富論』のアダム・スミスが倫理学者として期待した「見えざる手」の真意は、生活必需品の分配に際し、富裕な人間は、本来備わる「共感（sympathy）」を基に、「公平な観察者（impartial spectator）」からの眼差しを意識した行動をとるであろうことにあった（『道徳感情論』）。この観測は裏切られ、オープンアクセスの領域には「ニッチ」は見られず、「分」を超え、コモンズの悲劇が生まれている。この事実を見つめ、私たち人類は反省し、これからはもっと生物の多様性と目には見えない多様な関係性に目を向けていかなければならない時代となったことを自覚すべきであろう。

仏教には「草木国土悉皆成仏」ということばがある。大乗の『涅槃経』では「一切衆生悉有仏性」(すべての衆生は仏となる性質を有している)をいうが、衆生(有情)の範囲を超えて草や樹木のような非情のものまでもが成仏するか否か、中国で議論となった。日本ではもともと土着のアニミズム信仰があり、自然に順応的な姿勢があったことから比較的受け入れやすく、天台本覚のなかで発展した思想である。その真意を仏教的に解せば、「すべての者が皆そのままで成仏でき、万法はすべて仏の悟りの顕現であると気づくならば、草木や土石までもがその悟りの姿を示しているように見えてくる」といったことになる。このような境涯、このような感性からくるアニミスティックな自然への配慮に、今後の人類の可能性は見出されないであろうか。

およそ人類のある特定の民族によっては、人の霊魂に類似する実体を人以外の諸存在にも見出さんとする営為をしぜんに行なっている。日本の供養行事である針供養や扇子、人形供養、虫供養などがその一例といえるであろうが、このようなアニミズムや天体や気象、地形などへの畏怖や感動を信仰の対象とする自然崇拝を、近代知の立場によって原始の宗教として意義や機能を失っているかに思うことは、そのことが人間性の疎外とはなってはいないであろうか。「モノ」をただ「モノ」として見るのではなく、人の豊かな感性から「モノ」と人との関係、人と「自然」との関係を抜本的に再考しなければならないところにまで、現代はきているのではないだろうか。

　そして、さらにはそのような地球資源を奪い合う人と人、国と国との問題はさらに深刻度を増しているように思う。この状況に一人の宗教者、一人のバウッダ（仏教徒）として大所・局所において提言できることはあるのであろうか。貧・病・争において人類が直面する〝苦〟の問題について、あるいは日常生活のなかで一人ひとりが抱える〝苦〟の問題を、今日、仏教学はそれと向き合い解決していくことができるのだろうか。お断りしておけば、筆者は仏教学を専門とするものではない。それ故にまた仏教が文献学や言語学的アプローチに終始しているように思えてしまうのである。本稿では、先哲の仏教学の論考をたよりにしながらも、日常生活や人生における〝苦〟に悩める人に寄り添って解決の道を共に探っていくという意味で、私は仏教を「臨床」の仏教という視座で捉えなおしてみたいと思っている。

　また、そのように現実の〝苦〟の問題に関わりうる仏教のありようを考えながら、仏の境涯とはなにか、仏の教えの真実へ私たちが深まっていくにはどのようにすればよいのか、迷いを転じて悟りを開く仏教の智慧について「一乗」をキーワードに、そのアウトラインを描いてみたい。

## 二 「地球倫理宣言」と新一乗運動の視座

### 1 地球倫理宣言

カトリックの神学者であり、現在、地球倫理財団（Global Ethic Foundation）の会長でもあるハンス・キュング博士（Hans Küng、一九二八―、テュービンゲン大学名誉教授）は、地球規模の普遍的な平和を目指し、宗教のみならず、政治、経済、文化の諸分野で活動されている。キュング博士が提唱する「地球倫理」は、キリスト教、ユダヤ教、イスラム教、ヒンドゥー教、仏教をはじめとした諸宗教の類似性・共通性を研究し、人間を律する価値観および道徳的態度に関する必要最小限の、しかしそれゆえに世界のあらゆる宗教の賛同可能なものを目指し、一九九三年にアメリカのシカゴで開催された第二回世界宗教会議で「地球倫理宣言」として採択された。そこには、いにしえよりの人類の指導原理として、次の四つの取り消し不能の教令が宣言されている（吉田収訳『地球倫理宣言』世界聖典刊行協会、一二一―一二五ページ）。その項目を取り出せば、以下のようになる。

一、非暴力と生命尊重の文化への献身
「殺すな！」＝「（積極的な言葉では）生命を尊重せよ！」
二、一致団結と公正な経済秩序の文化への献身
「盗むな！」＝「（積極的な言葉では）正直に公平になせ！」
三、寛容と真実の生活の文化への献身
「嘘を言うな！」＝「（積極的な言葉では）真実に話し、行なえ！」
四、男性と女性の平等な権利とパートナーシップ（共同精神）の文化への献身
「性的な不道徳を犯すな！」＝「（積極的な言葉では）お互い敬愛し愛せ！」

以上は、仏教でいえば、「五戒」中の四つの戒めをさすものであるが、第五の「不飲酒戒」（＝酩酊の原因となるものを取らない）が含まれていない。これは諸宗教間のコンセンサスが得られず、「宣言」には盛り込まれなかったという。しかし、「宣言」は人類史のなかで世界中のさまざまな宗教の代表者が一堂に会して基本合意を得た稀有なる価値を有したものである。ちなみに、仏在世の時代をくだった部派仏教の教義学者（説一切有部）の解釈では、「飲酒」を本質的な罪に数えていない。先の四つの戒はそれ自体が悪である行為（性罪《しょうざい》 prakṛti-sāvadya）とするのに対して、「飲酒」はそれ自体が悪である行為と見なさない。「飲酒」が過ぎた結果とし

て、先の四つの戒を犯しやすくなるとして禁止されたものとする（遮罪《しゃざい》 pratikṣepaṇa-sāvadya）。

キュング博士は二〇〇五年五月に来日して、第二二回庭野平和賞受賞の贈呈式に臨み、記念講演を行なった。そこで「宣言」が人類の共同体や社会の存続にとって欠かすことのできない二つの原則に則っていることに触れている。一つは、「何人も人間らしく扱われなければならない」ということ、そして二つめに、この形式的な原則を宗教および人倫の伝統のなかに根強く残る教令、「何事も他人からして欲しくないことは、他人にもしてはならない」、――裏を返せば、「何事も他人からして欲しいと望むことは、他人にもその通りにせよ」ということであるという。

これは孔子の『論語』では、「子貢問うて曰く、『一言にして以て終身之を行うべき者あるか。』子曰く、『其れ恕か。己の欲せざる所人に施す勿れ。』」（『論語』衛霊公篇）として知られる。同様に、仏教の経典中には、コーサラ国のパセーナディ王が内省し、自分より愛しい存在を見出そうとしても見出せなかったことについて、釈尊が王に教誨することばがある。「そのように、他の人々にとっても、それぞれの自己が愛《いと》しいのである。それ故に、自己を愛する人は、他人を害してはならない」（『サンユッタ・ニカーヤ』三―一―八、中村元訳。〔仏典の引用については、キュング博士の正確な出典にあたることができず、管見の範囲で趣意の適う文と置き換えた〕）。これらは、宗教・非宗教の倫理規範のなかに、人間としてふさわしい行為のガイドラインとして見出されるものであるという。この二つの原理を仏教的に解釈して、本書執筆者の一人、眞田芳憲が前者を「仏性礼拝」、後者を「菩薩行」とみてとることによって、仏教的視野に立ち得るものであることを指摘している(『共生と平和の生き方を求めて』「はじめに」七―九ページ)。本節では、改めて仏教的視野に立ってこれを検証し、キュング博士の方法論が『法華経』の「開三顕一」、すなわち、一乗精神に通じるものであることを確認する。

## 2　キュング博士の方法論と新一乗運動

キュング博士の宗教間対話の方法論について、アンナ・ルッジェリ博士の「ハンス・キュングにおける仏教の理解(1)」(『アジア・キリスト教・多元性』六一―七〇ページ)を参照し、これからの議論のために関係のあるポイントを取り出しておこう。キュング博士は仏教のパラダイムについて分析するために、①仏教の原点である釈迦牟尼仏に戻って、この原点に基づく新しい仏教の形を批判的に考えること、②全ての主な仏教宗派を排除しないパラダイム理論によって、各宗の本質と論理と、仏教における存在の権利を肯定する、③異なったパラダイム、或いは仏教宗派の形態を対置させること、そして④(本来の宗教間対話の実践といえるものであるが、)……全ての仏教宗派との対話を行ない、同時に様々なキリスト教のパラダイムとの比較を提示することを重要視する。

「仏教的」とは何か、「キリスト教的」とは何かと、その本質を考えてみようとするとき、原始の書物や根本の教え、宗教の開祖自身の歴史的な関連のコンテクストのみによって決められるとキュング博士は指摘する。この視点からのみ多数に枝分かれした仏教の宗派を結合することが可能となり、他宗教と区別されるエレメントを具体的に明示することができるとする。

キュング博士が仏教の原点として歴史上のゴータマ＝ブッダに戻り、この原点に基づく仏教の形を批判的に考えるとしたことは、今日、少なくとも学問的な立場に立つかぎり、当然の視座として受け入れられるであろう。かつて、宗学と呼ばれるものが、各宗の宗祖から弟子へどのように教えが受け継がれたかを説く「相承説」や仏教思想家による自身の立場から諸宗派を位置づける「教判説」を説くことに終始した嫌いがあった。だが、それだけでは仏教として自宗を維持できないことは西洋から輸入されたパーリ文献学の成果であった。釈尊の直説により近いとみなされる阿含経典（四阿含・五ニカーヤ、すなわち、パーリ語経典の経蔵を長部・中部・相応部・増支部・小部の五部（ニカーヤ）と、それに対応する四つの漢訳経典、長阿含・中阿含・雑阿含・増一阿含の四阿含をさす）の評価は近年にいたってはじめて見直されたといってよい。

西洋人の仏教研究は、主としてパーリ仏教を理解することに始まり、その研究は一九世紀の半ばから二〇世紀の初頭にピークを迎える。日本においては明治の中期から西洋のパーリ文献学の成果が取り入れられ、それまでまったく知られることのなかったパーリ仏教に対する関心が持たれるようになった。今日では宗門の大学や仏教学、インド哲学の学科が設けられている大学ではパーリ語が教えられている。

中国ではインドで成立した経典の成立事情や諸派の流れとは無関係に仏教が大乗・小乗合わせて雑然と流入し翻訳された。紀元前一世紀頃より続々と製作される大乗経典の書出しには「如是我聞」（私はこのように聞きました）と始まり、阿難を代表する仏弟子が直接この教えを聞いた形式をとっている。中国の学僧たちも、素直にこの建て前を信じて受け入れ、仏教の真意を忖度した。歴史的事情の考慮すべき材料のない状況のなかで、すべての経典を釈尊一代の教化活動のうちに対告衆（説法相手）の機根に応じて説いたとする教相判釈は、中国仏教の教理学にとっては重要なものである。とりわけ天台智顗《ちぎ》（五三八―五九七）の五時八教は、その代表的な教判として知られている。すなわち、最初、釈尊の心内の悟りの世界（自内証）をそのままに『華厳経』（華厳時）として説いたが理解されず、機根に合わせて阿含経典（阿含時あるいは鹿苑時）を説き、方等経典（方等時）・般若経典（般若時）によって教化しながら、最後に『法華経』『涅槃経』（法華涅槃時）を明かしたとする五時である。同様の経典観が日本にも伝わり、中国・日本の仏教はすべて大乗仏教であり、阿含経典の評価は近年まで低いものであったといわざるを得ない。

しかし、「教判説」というならば、インドの地で成立した『法華経』の「開三顕一」で示される一仏乗の思想は、インド仏教史の視点において対立する部派仏教と大乗仏教を統合する重要な原形であったといえるであろう。それは『法華経』が、他の大乗経典（たとえば、大乗の『涅槃経』や『華厳経』、『維摩経』）のように大乗という立場において、「小乗」との対立軸を荒立てたりせず、声聞、縁覚、菩薩の三乗の差別相を示し、統合して一仏乗を説いた点に、最初の教判説といわれる所以がある。この三乗について、インドの歴史的文脈において理解し、それを統合する一仏乗の実践思想を現代的に捉えなおしてみることを本稿は一つのテーマとしている。

かつて木村泰賢博士（一八八一―一九三〇）が、近年の原始仏教研究の成果を挙げ、「かくして仏陀と大乗的諸教派と連絡するには、ただ自宗の立場をもって原始仏教の論理的開展として、そこに歴史的必然性を見出す外に道がないことになった」（『大乗仏教思想論』「緒論」三九ページ）と喝破し、従来の「相承説」に安住する日本の現状を批判され、「各宗の宗学にとってその生命の問題である」とまで断言されたこともあった。今、キュング博士の宗教間対話の方法論に触れ、その仏教理解の意図することとして、木村博士の「新大乗運動」の提言の記憶を新たにしたところである。

木村博士は新大乗運動の根本方針として、以下の五カ条を揚げている。

第一は、〈上求菩提、下化衆生の真髄〉として、「個人的安心立命と社会的安心とが、不離に

まで一致する思想的基礎の上に成立すること」、
第二に、〈大乗運動興起の精神〉から、「仏教を寺院および僧侶の専有物とせず、むしろ民衆自身のものたらしめること」、
第三には、〈仏教東漸の歴史的事実を更に日本を出発点として新しくすること〉、すなわち、「大乗相応の地である日本を中心として、しかもこれを世界的に普遍化たらしめる期待と実行とを伴うこと」、
第四に、在家仏教者として〈民間法即仏法の精神〉を掲げ、「精神生活はもちろん新大乗運動の基礎的立脚地ではある」が、「その精神生活をもって物質を離れたものと」せず、「むしろ物質に即してこれを実現すること」、
第五に、〈無窮輪廻を無窮修行と見る心〉を提唱し、「理想はもちろん永遠の彼方にある」が、「現実に即して一歩ずつ実現し」、「歓喜と努力、満足と奮闘とが相互にからみ合って無窮向上の一路を辿るのを生活の根本方針とすること」の五つを挙げた（『大乗仏教思想論』「新大乗運動」一九九―二〇〇ページ）。
昭和五年には若くして鬼籍に入られた木村博士であるが、その後、「新大乗」という名称は、太平洋戦争の最中、近隣アジア諸国に対して不快を与える言葉となったこともあった。元来、

大乗という名称は、大乗側からの蔑称としての小乗という言葉を連想させるものでもある。今、ここで新たに「新一乗」という名称を掲げたのは、以上のことに配慮しながらも、『法華経』を中心に開かれたテキストとして「開三顕一」の実践思想を読み直し、一乗精神を敷衍して捉えなおしたいと思うがためである。

## 三 「開三顕一」——開かれた統合の精神

### 1 一乗と三乗

「開三顕一」とは、方便としての三乗（声聞・縁覚・菩薩）の差別の固執を取り除いて、そこに存するそれぞれの意義を開き、法華経の一乗真実の教えを顕現せしめんとすることである。現象の多様性、多元性の意味を包括的に受けとめつつ、「すべてのものを仏にする」というただ一点の統一的真理に向かわせんとすることを「開かれた」「統合の精神」ということばで表している。

すでにみたキュング博士の仏教理解の方法や木村博士の「新大乗運動」への提言には、インドでの『法華経』の成立時の状況に相呼応するものがある。仏教用語では、矛盾している諸々の教えに相通じる趣意を見出し、融和させることを「会通《えつう》」ということばで表現するが、根本仏教と大乗仏教との会通は、『法華経』の二大テーマの一つ、二乗作仏の「開三顕一」の教えとして腐心された思想である。そこで、まず、会通の方法論ともなる「開三顕一」および「一乗」の意味について、この議論に有益な学者の見解を簡単にまとめておくことにしよう。

以下は、藤田宏達博士の論文「一乗と三乗」（横超慧日編著『法華思想』所収）を参照しているが、本論稿に沿った恣意的な援用であることをお断りしておかなくてはならない。

まず譬喩（『法華経』「譬諭品第三」）から入ることにしよう。

法華七喩の第一に「三車火宅」の譬喩がある。父の長者が燃え盛る家（火宅）のなかで無邪気に遊んでいる子どもたちに、羊車・鹿車・牛車の三種類の車を与えるといって誘い出し、首尾よく逃れ、恐れのなくなったことを知って、実際にはさらに大きな同一の白い牛車（大白牛車）を与えたという譬えである。

火宅とは、苦しみに満ちた迷いの世界、「三界は安きことなく、猶し火宅の如し（三界無安、猶如火宅）」と表現される。迷える衆生が輪廻する欲界・色界・無色界の三界の苦しみの境域を燃え盛る家に譬えた。そのなかで危険を危険と思わず遊んでいる子どもたちを振り向かせるために示す三車は、それぞれ声聞乗・縁覚乗・菩薩乗の三乗にあてる。声聞とは仏の説法を直接に聞いて悟りを得る人を指し、縁覚とは独覚とも言い、独りで悟りを得られる人、菩薩とは他人の救済に努める人のことである。前二種類のタイプの人々は、自らの悟りないし救いを求めることで満足し、その教えを乗り物に諭えるなら他人を乗せる余地がないので、大乗の側から小乗という蔑称で呼ばれた。しかし、「譬諭品第三」において実際に明かされたのは、四番目の新たな豪華な車、大白牛車であり、これが一乗の教えであるとする。三番目の牛車と大白牛車を同じとみるのを三車家（三論宗・法相宗）、別のものとするこの考えを四車家（天台宗・華厳宗）といっているが、ここでは一乗の絶対的な側面を強調するため（藤田、四〇一ページ）、四車家の立場をとっている。

「開三顕一」あるいは「一乗」の思想は、「方便品第二」に説かれる『法華経』の中心思想である。この思想が上述の「譬諭品第三」によって譬喩として捉え直されているわけである。

大乗仏教興起の『法華経』が成立した時代、片や大乗側から小乗と蔑称された部派仏教は、仏滅後百年「上座部」と「大衆部」に大きく二分して以来、多くの部派に分裂していた。「部派仏教」という呼称は、明治以降の学会での呼び習わしであるが、北伝の部派によっても「三乗」が説かれている。この場合、「声聞乗」「独覚乗」「仏乗」の三乗である。しかし最後の「仏乗」は南北両伝一致して「正等覚者」を指すものであることを藤田博士は指摘され、部派の教条的となる教えのなかで仏弟子（声聞）と仏の関係の顕著な差別観を示すものであるとする。部派仏教における「仏乗」は「正等覚者」である一仏一世界の仏一人を指すという点で峻別されるのである。仏弟子である「声聞」は、阿羅漢となれても、「仏」となることはできない。釈迦牟尼世尊（ゴータマ＝ブッダ）をおいてより他、「仏」の境涯に至ることはないと考える。

仏の立場からすれば同じであるとしても、弟子の立場からはおよそ釈尊と弟子である自分たちとの間に違いを見出さずにはおられない心情があった。しかし、『法華経』においては、「声聞乗」「独覚乗」「菩薩乗」の三乗を指し、「菩薩乗」は「大乗」とも、時によっては「仏乗」とも言い換えられている。後に大乗に転向した教義学者の世親（ヴァスバンドゥ 四―五世紀頃）が著した『仏性論』は、衆生にも「仏性」ありとして、「仏」となることはないと思っている衆生に仏にならんとするやる気（菩提心）を起こさせようとするものであった。大乗仏教が興る所以ともなったのは、私たちもまた「仏」となれるということにあったのである。

『法華経』の主張する一仏乗とは、このような部派仏教の仏一人の「仏乗」を批判するところにある。特筆すべき他の大乗経典との違いは、「仏」となることの可能性を声聞・独覚の二乗にもまた開かれているとし、この二乗を否定しなかったことにある。彼らもまた修行途中にあるものと位置づけ、究極的には同じく一仏乗に入る者たちであるとする。このことを主張するために、「授記品第六」において摩訶迦葉を始めとする四大声聞が未来に成仏することの記別（予言）を受ける章を設けることで証明しようとしているわけである。そればかりか菩薩乗に対してさえ、「初めに巧みな方便をもって三乗を示しておいて、後に唯大乗をもって、生きる者たちを完全な涅槃に入らしめる」といい、「一乗」のための方便としているのである。一乗の絶対的なこの側面からは先の四車家の立場が導かれるのである。

## 2 「空」思想の実践的な展開としての一乗

藤田博士によれば、「一乗」とは、部派仏教の三乗差別観の批判に基盤を置きながら、その説の存在意義も認めて包摂する宥和の思想を表明したものであったという。そしてこのように批判しながらも同時に包摂していくことが可能となるのは、『般若経』の空無差別の思想にもとづいているからであるとし、『法華経』の主張する「一乗」は、空の思想の実践的な形、すなわち、「いかなる人でも、無差別平等に仏たらしめる」という、「一大事因縁」(仏がこの世に出現した唯一の大いなる目的)の実践的な形の展開に他ならないものであるとされる。

このような絶対的な立場に立つ「一乗」は、本来、実践的原理であり、貧・病・争のこの〝苦〟の世界においては、慈悲方便の形をとり、相対的差別的な次元において現れざるを得ないものである。すなわち、一乗精神は、現世においては三乗の一つとしての菩薩乗と同じ形をとって現れるとされ、一乗の相対的な側面が強調されるならば、三車家的な見方となる。三車家、四車家、いずれの見方も可能であるというのは、『法華経』が、取りも直さず、いかなる者をも無差別平等に仏たらしめるという実践的関心から説かれたものであると指摘される。

これを現代的に解釈すれば、この一乗の実践原理は、先に確認した地球倫理宣言への希求に見るような開かれた方法論ともなるものであろう。一乗とは、「三」で示される現象の多様性を寛容しつつ、すべてを融和的に「一つ」に向かわせる統合、平等の思想ということになろう。この精神は、世界内存在としての相対差別の次元では、たとえば、仏教の菩薩教団という一例をとって現れざるを得ない謂いなのである。

以上、『法華経』自体のコンテクストに根本仏教が摂取され、さらには一乗に展開していく「開三顕一」の実践思想を紹介した。以下では、根本仏教のなかの代表的な教説である「四諦説」を取り上げ、日常の生活において仏教がいかに人の〝苦〟に寄り添い、抜苦与楽の宗教となりうるのか、「会通」の実践的な試論について述べてみたい。紙幅の関係上、事例を挙げながら語ることはかなわないが、「苦を抜く」臨床の仏教の可能性として「四諦説」の活用のフレームを提示し、紹介するのがねらいである。

## 四　ブッダの悟りと「四諦説」

### 1　ブッダの悟り

ゴータマ＝ブッダは二九歳で出家し、菩提樹（アッサッタ樹）の根もとで悟りを開いたとされるのは、六年の苦行の末であった。「マハーサッチャカ・スッタ」（『マッジマ・ニカーヤ』第三六経）には、沙門ゴータマのなした苛酷な苦行の内容が記されているが、その苦行によっては最勝知見を得ることができなかったとされている。沙門ゴータマは、「極度にやせてしまった身体では悟りに到達できない」として、「粥のようなものを摂ろう」と思われた。いわゆる中道を悟られたとするエピソードである。このとき、共に修行しながら奉仕していた五人の比丘たちは苦行を捨てた沙門ゴータマを見て嫌忌し、そのもとを去った。ベナレス郊外の鹿野苑での初転法輪と呼ばれるブッダ最初の説法は、四諦八正道であったとされるが、このときの対告衆が、アンニャー・コンダンニャ（阿若憍陳如）らこのときの五比丘であった。

四諦（「四つの真理」cattāri saccāni）説の「諦」の原語（*Pāli*. sacca, *Skt*. satya）は、「真理」とも訳されるが、釈尊と直弟子による仏滅後三〇年頃までを対象とする根本仏教の真理観は徹底的に実践的なものであった。

沙門ゴータマは、ネーランジャラー河で沐浴した後、岸辺で乳粥を啜り、気力がみなぎると、菩提樹下において深い禅定に入り、ブッダ（目覚めた者）となる。しかし、そのブッダの悟りの内容がどのようなものであったか、仏の成道は、もともと他の者には窺い知れない仏の自内証（心内の悟り）によるものとされる。四阿含・五ニカーヤおよび諸律において仏の成道を描く経典はさまざまあるが、多くの仏伝のネタともなった律蔵（Vinaya-piṭaka）の大品には、成道後のブッダの様子が描かれている。それによれば、第一週から第五週までの三五日間、ブッダは解脱の境涯を楽しんでおられる（この期間も経典によってヴァリエーションがある。たとえば、対応経の『四分律』では七週間、『五分律』では六週間となっており、パーリの『ジャータカ』「ニダーナ・カター」では七週間、『法華経』では三週間とするなど様々である）。第一週目、悟りを開かれた七日後の夜の初更（patham yāman）に、いわゆる十二縁起を順逆に観察された。すなわち、「無明によって行があり、行によって識があり、……、有によって生があり、生によって老死（無明―行―識―名色―六処―触―受―愛―取―有―生―老死）という愁悲苦憂悩生ず」として知られるものである。十二縁起もまた原始仏教の教理であることに変わりはないであろうが、覚醒後、七日の夜の初更に観察されたとされたものでもあるから、ブッダの悟りの内観と同一視して語ることには議論の余地のあるところであろう。それがまた多くの教説が生まれる所以ともなった。いかんせん、上座部仏教は衆生の立場からみた有漏の世界（煩悩を有する迷いの世界）の分析であり、煩悩を離れた無漏の仏の世界については多くを語らない。それがどのような世界であったのか、でき得れば後節で触れることにしたい。

十二縁起を順逆に観ずればその先には「空」があることが想像できるのであるが（『雑阿含経』大正二・九二c、『マッジマ・ニカーヤ』第一二一・一二二経）、ここでは「縁起」（パティッチャ・サムッパーダ paṭicca-samuppāda）の原意が「縁りて」「起こる」ということであり、「縁によって起こった存在」（因縁所生の存在）を「法」と呼ぶということを確認しておくことだけにしておこう。「法」のパーリ阿含経での用例は、ガイガー夫妻によって六〇以上の種類が挙げられているが、パーリ注釈者がおおかた四種あるいは五種に分類するなかで、「実体のないもの」（nissatta）として分類するものがこれにあたる。この「法」については、四諦説のなかでみていくことにしよう。

## 2 ブッダの最初の説法「四諦説」

さて、四諦説はゴータマ＝ブッダが初転法輪（最初の説法）で説いたとされている。この四諦説が最も整えられて説かれた経典が「転法輪経」であり、最終的にここまで整備されるには段階的なものであったことは文献学的研究によって明らかになっている。しかし、十二縁起説のようには複雑な発展過程を示していないことは、四諦説が四つのまとまりのなかで意味をもち、ある程度組織されてから説かれたということに帰するものであることが指摘されている。水野弘元博士はその異本二十三種を提示され、五類に分類されているが、ここでは臨床的適応を中心に考えることにしたい。

阿含経典（四阿含・五ニカーヤ）における釈尊の布教の様態は、教えを聞く人の機根、能力に応じて説く対機説法であり、初転法輪ですら例外ではなかったであろう。ブッダの悟りの内観を直接には窺い知ることはできないが、四諦説は、ブッダ成道後、その悟られた「法」の内容を知らしめるために苦諦・集諦・滅諦・道諦の四つを一つの組織とし、「法」を説明するための教理として考案されたものである。すなわち、迷いのこの世界はすべてが苦であるという真理（苦諦）、その苦の原因は飽くことなく求める愛執にあるという真理（集諦）、その愛執の完全なる消滅が苦を滅した窮極の理想境であるという真理（滅諦）、このような苦滅の境涯に赴くためには八正道の正しい修行道によらなければならないという真理（道諦）の四つである。

ゴータマ＝ブッダが、「法を見るものは、我を見る」と説かれたその「法」（*Pāli.* dhamma, *Skt.* dharma）とは、かくいうほどに悟られたブッダの人格のなかに具現されていると考えられた。生滅変化をくり返す無常の世界において、その変化を可能にしている「法」（ダルマ）と呼ばれる存在は、「個」として認識されつつも、しかも他との関係性のなかで成立している存在をいい、区別して知る識（vijñāna）では認識されず、煩悩を断じて現れる般若の慧（prajñā）においてはじめて直観把捉されるものであるとされている。

苦・集・滅・道の四諦のうちで、苦集の二諦は迷妄の世界の〈苦悩〉（果）とその原因理由（因）を示し、滅道の二諦は証悟の世界の〈浄福〉（果）とその原因理由（因）とを示す。これは先の十二縁起でいうならば、前二諦は、「無明によって行があり、行によって識があり、……生によって老死という愁悲苦憂悩生ず」という順観の関係にあり、私たちが無明や業のために流転輪廻して苦悩を受ける流転《るてん》縁起に対応し、後二諦は、「無明の滅のゆえに行の滅あり、……生の滅ゆえに老死という愁悲苦憂悩も滅す」という逆観の関係にあり、出家者が輪廻を断じ、苦を滅して理想の状態へと還る還滅《げんめつ》縁起に対応している。

『法華経』「譬諭品第三」でもこの四諦説に触れ、「諸苦の所因は　貪欲これ本なり　若し貪欲を滅すれば　依止する所なし　諸苦を滅尽するを　第三の諦と名く　滅諦の為の故に道を修行す」とし、諸苦の根本原因である貪欲を滅するための道諦として二乗であるならば八正道（正見・正思・正語・正行（業）・正命・正精進・正念・正定）を行じることになるであろう。しかし私たち人間が凡夫として生き、その過程にある人生苦からその都度逃れようとしてさらに苦を増す姿をブッダはご覧になったであろう。当面の苦が一応に解決したように見えて満足しても、また次々に苦が到来する。仏教では、人生は「一切皆苦」であると教え、その解脱の道は出家主義の立場より説かれる。

だが、そのブッダは、ベナレスにおける豪商の子ヤサという青年への説法が次第説法として知られるように、誰彼ともなく端から四諦説を説いたのではない。ヤサには、当時のインド社会で受け入れられていた至極穏当な思想であった施与慈善（施論）を説き、つづいて戒律を守り常に道徳的な生活を行なっていくことの大切さ（戒論）を説き、これらを行ない守っていれば、その応報として来世では幸福な天国に生まれる（生天論）と説かれた。そしてヤサが因果の道理を正しく信じ、心が清く素直になったところで四諦説を説かれ、ヤサも直ちにその教えを理解した（法眼を得た）。

私たち在家者は、在家のまま貪欲を滅しようとしてみたところで、「分かっちゃいるけど止《や》められない」（スーダラ節）と歌にあるように、凡夫の本能を完全に滅することは不可能に近い。頭では理解したように思えていても、縁に触れては迷いが生じる存在なのである。そうなれば、俗世の縁をすべて断ち切り、出家遁世するよりほかないわけであり、先の二乗はこの道をたどることとなった。しかし、この道を大衆におよぼそうとするならば、人生否定となり、厭世主義に陥ってしまうことになろう。苦からの解脱を願う二乗は、そのあまりかえって苦に執着して解脱の坑に落ちてしまい、他人を助けるどころか自らも救えないとするのが、大乗教徒の、多少カリカチュアライズした二乗の見方である。では、この四諦説は在家者には意味をなしえないのであろうか。

### 3　ビルマ仏教の在家者の「四諦説」

かつてミャンマー（ビルマ）の仏教を調査した文化人類学者スパイロ博士（Melford E. Spiro, 1920-）が、ミャンマーの在家者による四諦説の理解について報告している（*Buddhism and Society*, 1970）。奈良康明博士はこれを改釈（解釈、ではない）として紹介しておられる（奈良康明「ヒンドゥー世界の仏教」）。それによるミャンマーの在家仏教徒の世間レベルでの焼き直しは、以下のようなものであるとする。ちなみに（ ）内は本来の意味である。

「人生には苦がある（人生は苦である）」「その苦は貧困等である（苦の原因は欲望である）」「それが滅せられると苦もまた滅する（故に欲望を〔抑制してそのはたらきを〕滅すれば苦もまた滅する）」「それは今すぐ期待できないから、死後に良き世界に生まれ変われるよう現世に功徳を積まなければならない。それが道の実践である（そのための実践が八正道である）」。

このことを指して奈良博士は、「ミャンマーの仏教徒は自分の都合の良いように四諦を換骨奪胎し、世俗的な輪廻内の出来事に見事に変えてしまった。涅槃を求める道程が、功徳を積み、よき死後世界を願うという現実的な宗教慣行に変えられている」（『禅の世界』七〇ページ）とも述べられている。

だが、ミャンマーのような上座部仏教の国では、生天を願う民間信仰的な世間レベルの仏教のみというのではなく、解脱（涅槃）を目指す高度な教学の研鑽や修行の実践による出世間レベルの仏教とが歴史的には相互に習合、変容しながら仏教文化を発展させてきたことは、奈良博士もご指摘されることである。この文化で育つ者のなかから出家を願う者が現れるのもまた必然であろうし、世間レベルの理解を捉えて否定することはできないであろう。また、この議論の延長線上に、在家主義仏教のなかでの四諦説の活用を考えるには、大乗仏教徒の理想的な境地としての涅槃論、すなわち、無住処涅槃について確認しておかなくてはならないであろう。

## 五　大乗仏教の涅槃論と「四諦説」の活用

### 1　大乗仏教の涅槃論

上座部仏教における涅槃には、有余涅槃と無余涅槃の二種がある。前者は煩悩を断じ、心の束縛を離れ得ても業報に関わる肉体という残余があり、肉体上の束縛を離れていない涅槃をいい、後者は肉体も滅し、心身ともに束縛を離れた完全な涅槃をいう。前者は、釈尊の悟りを得られてから四五年間の布教期間がこれにあたり、後者は、釈尊の肉体の死滅を指し、また般涅槃といった。

しかし、大乗ではさらに二つの涅槃を加える。すなわち、私たちの心はその本来の姿において清浄であり、心性本浄の仏性をもった状態を自性清浄涅槃という。そして大乗仏教徒の真にめざすべき涅槃は、「大智の故に生死に住せず、大悲の故に涅槃に住せず」というように、生死を厭わず涅槃を願わず、生死にも涅槃にも執着せずして、衆生救済のための慈悲活動、菩薩行に挺身する無住処涅槃なのである。

在家主義の仏教徒にとっては、この無住処涅槃を理想として、迷いの初段階から、さらには迷いを転じて涅槃に至る四諦説の活用が考えられないであろうか。すなわち、道諦として施論・戒論より発し、ミャンマーのように生天論を介し、さらに上の段階において無窮輪廻を無窮修行と見、無窮向上と捉える立場から大乗の理想、無住処涅槃を生きる菩薩の生き方へと転換することは可能とはならないであろうか。

## 2　倫理――善い習慣性としての「戒」

仏教には「七仏通戒偈」と呼ばれる過去七仏が共通して説いていた仏教思想を一偈で要約したものが伝わっている。それは、「もろもろの悪をなすことなく、もろもろの善を行ない、自らの心を浄めること、これが諸仏の教えである（諸悪莫作、衆善奉行、自浄其意、是諸仏教）」と伝えられるものである（『法句経』）。本稿では、西洋との倫理の基盤となる善悪の定義より始めて仏教倫理の枠を明示しながら議論するという方法を紙幅の関係より割愛しているのであるが、西洋の倫理〝ethics〟の語源となる古代ギリシア語の〝エートス〟は、良き習慣や伝統的慣習であるエトスによって形成される人間の品性や人格を指しており、仏教でいう戒もまた同様な意味を持つものであることを指摘しておこうと思う。すなわち、〝戒〟はサンスクリットで〝śīla（シーラ）〟といい、√śīl（瞑想する・奉仕する・実行する）という語根からでき、習慣性・傾向・性格などを意味する。それから一転して、「善い習慣性・善い行為・道徳的行為」などの意味に用いられるという（平川彰）。

私たちは、ゴータマ＝ブッダのような神話的な努力によって超人にならんとするのではない。

倫理学にある理論の制約と同様に、一般的な人、すなわち、私たちのような凡夫が常識的な努力によって実行できる範囲内において、自らができる最大限の善を追求しようとすることに仏性の開顕を見、人間性を高めていこうとすることへの喜びが見出せるものなのである。先に「分かっちゃいるけど止められない」とスーダラ節を引用したのであるが、たとえば、「手癖が悪い」という手癖もまた繰り返す悪い習慣なのである。戒の語源が「善い習慣」を指すように、悪い習慣（原因）のなかでおのずと悪い結果を生んでいることに気づき、まずは善い行為を日ごろより心がけ、習慣化していくことが「四諦説」を理解する上での大切な一歩であったであろうことは、ブッダのヤサへの次第説法より知られることである。

四諦説の道諦としては、先より八正道（正見・正思・正語・正行（業）・正命・正精進・正念・正定）が挙げられることを繰り返し述べてきた。仏教徒として常日頃の生活の基本をここに置きつつ、日常の苦の常態（苦諦）からその原因（集諦）としての悪い習慣を探り、これを八正道に照らし合わせて正していくこと（道諦）が狭義には在家生活での個々の苦を解決（滅諦）に至らせるものなのである。以上、項目のみで提示した八正道を在家者の生活信条として書き出すならば、以下のごとくなろう。

一、仏知見に基づく正しい信仰心を起して（正見）、

二、意の三悪（貪欲・瞋恚・邪心）なき正しい心を起し（正思）、
三、口の四悪（妄語・両舌・悪口・綺語）なき正しい言葉使いをし（正語）、
四、身の三悪（殺生・偸盗・邪淫）なき正しき行ないをし（正行／正業）、
五、衣・食・住その他の生活必需品を正しく求め（正命）、
六、諸の悪をなさず、常に善い行ないをし（正精進）、
七、自・他両面にわたって、常に正しい心を持ち続け（正念）、
八、終始一貫、正法に精進決定す（正定）。

（『一乗の光ひたすらに——庭野日敬開祖事績集』五〇ページ）

## 3　臨床の仏教としての「四諦説」の活用

ミャンマーの仏教でみた出家・在家の二種の四諦説に対して、在家主義の仏教教団における四諦説について、以下、人の〝苦〟に寄り添えるよう臨床的な対応のフレームについて考えてみることになろう。これは仏教徒としての信行に導きいれる初段階をヤサへの次第説法に見出し、無住処涅槃を最高の境地と据えた法華経の菩薩行へと信行の深まる〝楽〟までの過程を四段階で表して見ようとするものである。

四諦のたて方は、一般にはブッダが人々の心の病気を治す原理として説かれたものであると

され、これがインドの病理学の体系における四つの基本命題、すなわち、病気の診断・成因・予後・治療からのアナロジーであることをH・ケルン博士（一八三三―一九一七）が指摘したのは、後世の文献を典拠にしていた。ケネス・G・ジスク博士（一九五〇―）が指摘するアーユル・ヴェーダより示すならば、「王の手当てをするのにふさわしい医師とは、四つの知識をもつものである。かれは病気の原因（hetu）を知り、症状（linga）を知り、治療（praśamana）を知り、再発を防ぐすべ（apunarbhava）を知る」（『チャラカ・サンヒター』）にあたるであろうか。四諦もまた苦の症状を見極め、つぎにその原因を究明し、そして正しい行動を教える心理療法の一つであるといえるのである。

仏教には「抜苦与楽」ということばがあるが、これは仏・菩薩が衆生の「苦」を取り除いて、「楽」を与えることをいい、仏教的な他者救済を表す慈悲の基本構造であるとし、前者を「悲」の内容、後者を「慈」の本質とする。

このことを『法華経』に照らしてみるならば、「抜苦」は『法華経』「譬諭品第三」でみた「方便の救い」ということになる。父の長者が燃え盛る家（火宅）のなかで無邪気に遊ぶ子どもたちを救う手立てとして用いた三車（羊車・鹿車・牛車）がこれにあたる。「化城諭品第七」では、人々を率いて旅をするリーダーが、一同の疲労のピークに達したことを観察して、最後まで諦めずに旅がつづけられるよう一時の疲れを癒す「化城」（仮そめのゴール）を現出させる。日常生活における個々の人生苦の解決、「抜苦」は、仏の「悲」に他ならないが、人生は縁に触れて迷いやすく、いったん解決したと思われた「苦」もまた新たな「苦」として私たち凡夫を悩ませる（「一切皆苦」）。仏は、諸行は無常である（「諸行無常」）と教え、そのことに気づいた「我」もまたなし（「諸法無我」）、と畳みかける。そのことをあるがままに受け入れることができるならば、その境地は「涅槃寂静」となるであろう。

「与楽」とは、本質的な救われにめざめることであり、現実の苦しみを契機として仏教の教えに目を開き、仏の子としての菩薩の自覚へと高まっていくことである。「化城諭品第七」において「化城」によってすっかり元気を取り戻した旅人たちが、今度は本城をめざして歩みはじめたように、あるいは、「譬諭品第三」において子どもたちが三車に魅せられて脱出し、その期待をはるかに超えた大白牛車が与えられたように、すべての衆生に人格の完成を目的とする理想的な救いをつかませることが、仏の「一大事因縁」であり、仏の「慈」なのである。

改めて上記の意味で「四諦」を繰り返し説明するならば、まず相談者が何に苦しんでいるのかを寄り添いつつ明らかにするのが「苦諦」であり、その原因が何であるかを探求し明確にするのが「集諦」。そしてその原因を踏まえた解決策が「道諦」となり、解決策を実行した結果が「滅諦」ということになる。すなわち、相談者には「苦諦」「集諦」「道諦」の順序で話を進めることになろう。

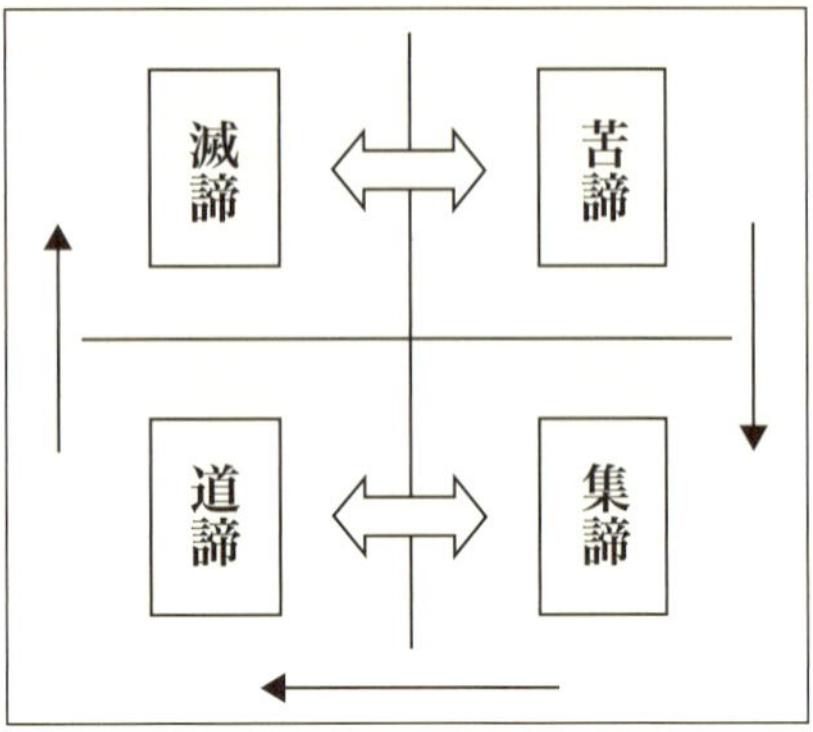

図１　四諦の関係図

四諦の関係を図示してみたが（図１）、まず、矢印〝⇔〟で示した「苦諦」と「滅諦」との関係は、「苦諦」が相談者の悩み・苦しみであり、それが滅した状態にある「滅諦」とは「苦諦」の裏返しにある。

同様に、「集諦」は悩み・苦しみの原因となる相談者の行ないやその奥底にある心の間違った動きを明らかにすることであり、それを改める実践という意味での「道諦」は、「集諦」の裏返しの関係にある。

「集諦」における原因探求は、究極的には存在の真実の在り方（「諸法実相」）に気づかせるという意味で、『法華経』「方便品」、漢訳の鳩摩羅什訳のみにみられる「十如是」の考え方を身に着けることはたいへんに有効である。古来諸家に異説があり、単純には示せぬものであるが、本稿に沿って要点のみをまとめれば以下のごとくなろう。

## ４　「十如是」の説明

「十如是」は、宇宙全体のあらゆる存在の本当の姿を十の如是で示したものであり、あらゆる存在には必ず「相」（すがた）があることを示す「如是相」。相のあるものは必ずある性質をもっていることを「如是性」。性質のあるものには必ず本体があることを「如是体」。体あるものは必ず力をもっているという「如是力」。力あるものは、かならず外へ向かっていろいろな作用を起こしていることを「如是作」。この「相性体力作」は個々の存在の本質とその働きを見るものである。

ところが、この宇宙間には「体」あるものが無数に存在し、お互いに関係し合って様々な現象を起こす。この現象の原因になるものが「因」である（「如是因」）。その原因が何かの機会や何かの条件である「縁」に触れることで（「如是縁」）、はじめて結果である「果」をもたらし（「如是果」）、その「果」が後まで残す影響を「報」という（「如是報」）。すなわち、「因縁果報」は、存在間の関係と変化のありようを見るものである。

以上、九つの事柄はこの宇宙で無限の数ほどに起こり、重々無尽に絡み合い、人の知恵では何が原因でどれが結果であるのか、到底、計り知ることのできるものではない。しかしこれらは宇宙における「法」という一つの真理によってはたらいているものであり、どのような物もどのような事柄も何一つこの「法」のはたらきから逃れ出るものではない。「相」から「報」まで、すなわち、初め（本）より終わり（末）まで、つまるところ、宇宙のあらゆる存在が以上の法則の上に成り立ち、「法」に等しく、この法則に依拠せずして存在しているものはなに一つな

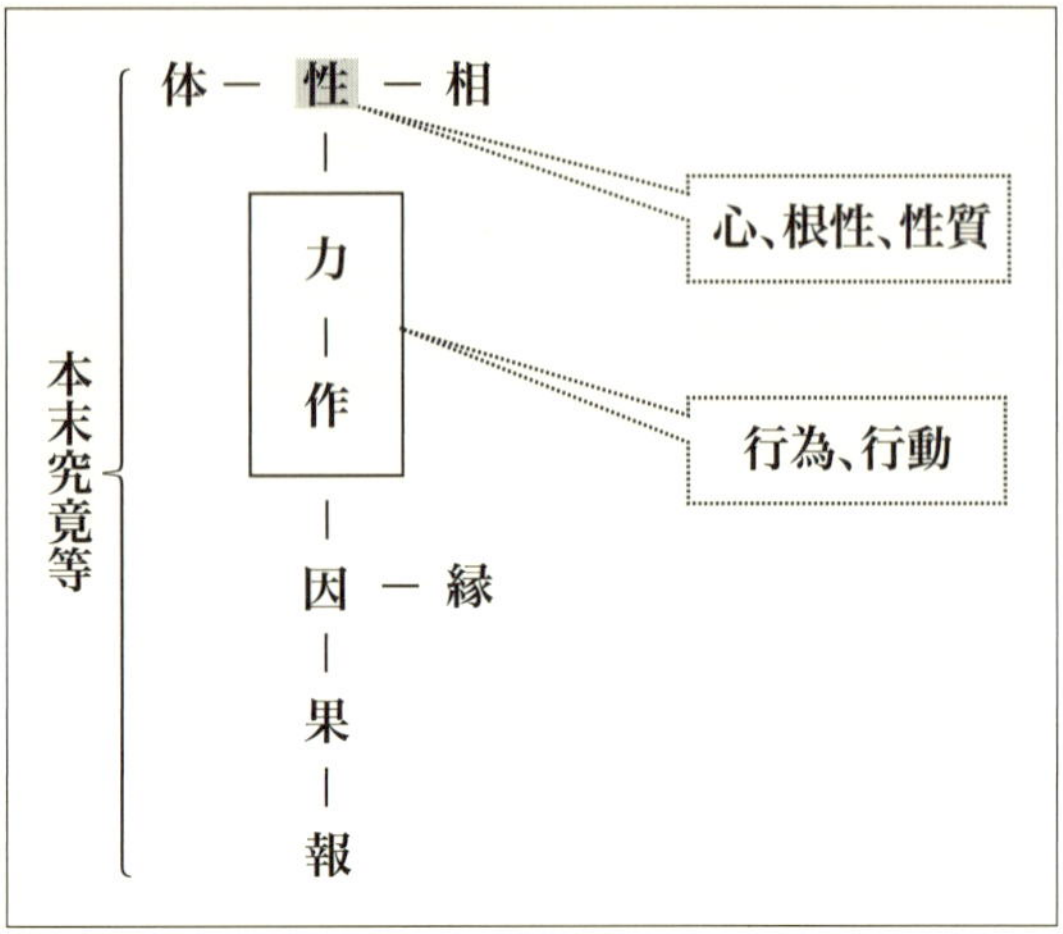

図2　十如是の関係図

いということを「本末究竟等」は意味している。「十如是」は、生成発展する現象世界の「ありのまま」のすがたであり、法華経の真理観であり、仏の智慧であるといえる。

　これを「集諦」にあてはめれば、すべての現象は自分の心と行ないにふさわしく現れていることになり、例えば、嫁姑問題も夫婦不和の問題も自分には全く非がないと思っていても、やはり、現象自体は自分にふさわしく現れているということなのである。そこで自分の行為・行動を振り返り、その根本にある「性」の部分にまで焦点をあてて、苦の原因を探求していくということになる。

## 5　「四諦説」の四段階論

出家主義の仏教であるならば、男女の問題、夫婦不和の問題、嫁姑の問題等は、俗世を捨てて出家することへの良き機縁となるであろう。しかし、以上みてきた羅什訳の「十如是」の教えが、「苦」の問題の原因探求に活用されることにより、私たちが在家のままに、その生活のすべてが、円満なる人格の完成へ向けた修行であったと理解できるのである。すなわち、私たちの人生のすべての現象が、実は仏の説法であり、この現象をとおしてなにを教えられているのかと受けとめることができるようになるならば、このことがひとえに在家主義の仏教徒の修行の入り口なのである。

人はそれぞれ人生の課題を一人ひとり違《たが》えている。その苦に対し、同悲共苦の精神で寄り添うことが「慈悲」の「悲」であることはすでに述べた。その個々に違える問題も行き着くところは、人格の完成に向けた「本仏」の説法であり、仏の「慈」であると気づくまでに、私たちは少しずつ深まっていかなくてはならない。そのようにして一乗の精神による宗教者もまた人々に寄り添っていかなくてはならないのである。

以下、仏の教えを実践する能力・素質（機根）という観点で、大きく四段階で表し、それぞれの段階の課題を示して本節のまとめとしたい。ここで用いる四段階説は天谷昌弘氏が「四諦の法門」について著した一連のテキストの概略である。

初段階の「方便して道を説く」については、すでに述べた。これは、「若し衆生あって　苦の本を知らず　深く苦の因に　著して　暫くも捨つること能わざる　是れ等を為ての故に　方便して道を説きたもう」(「譬諭品第三」)と経典にあることによる。「苦」の自覚がない人に対し、滅諦を説明することは不可能であり、細かな理を説明して諭すよりも、何をどのように実践すればよいか(という「道諦」のみ)を伝えることが適切な手段となることを意味している。

そこで本来、「四諦説」の活用はつぎの二段階からということになろう。この段階では「日常生活における当面の苦の解決」が課題となり、その具体的な「苦」に執着する者を対象とする。男女関係や病気、借金など、精神的・肉体的・経済的な問題に苦悩して、そこから逃れたいと思う人々である。この段階では、損得中心でものをみる考え方から善悪中心(八正道に照らして生きる生き方)の価値観へ移行するという課題を含んでいる。

第三段階では、具体的な苦悩の解決から「人生苦一般の解決」が課題となり、人生そのものが苦として常態であると悟ることができる者を対象とする。前段階において、次々と起こる個々の具体的な苦は、この段階に至っては、本来のじぶんの性質が変わらなければ、繰り返し同じ類いの過ちを犯すものであることに気づくことになる。『チャラカ・サンヒター』の「再発を防ぐすべ」とは、本質的にはこれに当てはまるといえるであろう。この段階では現業からさらに宿業の自覚に至ることをテーマとしているともいえる。また、善悪中心のものの考え方ができるようになった者の課題として、つぎにはルール主義(人の不正ばかりをあげつらい、正そうとすること)に陥らず、「仏性の自覚」、「仏性礼拝」の行ができるかが課題となる。

第四段階は、先に説明したことであるが、すべての現象を本仏の説法と受けとめることのできる段階である。自他一体としての大乗の菩薩の境地であるといえるものである。ここまでの段階にきて自らの人生を振り返るならば、自らの業障な因縁によって選んだこの長い人生の修行の旅路も、じつは自身と同様なもっとも業障な人を救いとるすべを身につける修練であったことに気づかされるのである。人生の折々の「苦」は、またこの階梯に至るための梯子の一段であったと知ることになる。

この立場よりみるならば、すべての事物の「ありのまま」のすがたである諸法実相とは、仏の方便によって慮るしかないものといえるのであろうが、その方便が知らしむるところ、煎じ詰めれば、私たちが天地すべてのものに支えられ、目にみえないものに生かされている実相を理解させるための教えであるということに尽きるであろう。『法華三部経』の結経におかれる『仏説観普賢菩薩行法経』に「因果の道理を深く信じ、一実の道（「諸法実相」を悟り、仏の境涯に至らしめる教え）を信じ、仏は滅したまわずと知るべし」と述べられることは、以上の神髄であるといえるであろう。

# 六　まとめに代えて――多様性（異質なるもの）への寛容性に向けて

## 1　生物多様性と「三草二木」の譬え

『法華経』「薬草諭品第五」には「三草二木の譬え」として知られるものがある。私たちが住むこの地球には、山や川、渓谷や平地があり、またそこに森や林、藪や草木、またあらゆる種類の薬草など、さまざまな植物が生えている。そこへ空全体を覆う密雲が湧き起こって広がり、一時にどこにも同じように雨を降らせたとする。千差万別の、大きさも性質も異なるそれぞれの植物の上に降り注ぐ雨は、一相一味の性質を備えている点で、慈愛の雨であるとする。三草二木とは、その慈雨を受ける草木の、その大小にしたがって小草・中草・上草の三草および小樹・大樹の二木に分けてその多様なることを表し、それぞれの「分」にしたがって潤いを受け、それぞれの性質のままに生繁ることを伝える。松の木は松の木らしく伸び、菫の花は菫らしく花開く。

すなわち、この譬喩は、仏の説法が私たち衆生の能力や素質に違いはあっても、恵みの雨として私たちに平等に降り注ぎ、すべての人々が完全な悟りを身につけさせるよう働きかけるものであることを説く。本章の「はじめに」で述べた生物多様性のなかで言われている「ニッチ」の考え方に通じるものである。私たちは人類として、一人の人間として今生の試練を仏の慈愛の雨として悟り、それぞれの段階での修行の結果を出しながら自己発現の価値を見出し、各々の持ち味を充全に発揮すべきものなのである。そして、ついには、縁起的、関係的世界との調和のなかで一乗の仏の世界においてすべてが生かされ、生きている存在であることに気づかなければならないことを教えられている。

人類は種内の多様性に見られる他民族との共生をめざし、マイノリティーへの配慮と寛容性を失ってはならない。奇しくもマイノリティーの居住地域こそが生物多様性を保全する地域と重なるのであり、地球環境の動的平衡がマイノリティーへの配慮による縁起的な循環のなかで支えられているのも事実なのである。

私たちがこの環境に生きることとは、必ずしも快適な事ばかりではない。厳しい生存競争に曝されながら、自然環境と他の多くの微生物を含む多様な生物とに依存しているが故に、その意味で「生かされている」いのちといえる意味を自覚し、人間中心の欲望追求型の生き方から、自然・多生物中心主義（生命中心主義）の生き方へ転換することこそが、過剰な人類の欲望に曝されて平衡を失ったこの地球環境における共存・共生に向けた新たな人類の智慧となるであろう。豊かで多様な関係性を肯定するなかでこそ、真に未来を切り開く新たな智慧が生まれるものと信ずる者である。

## 2 「常不軽菩薩」の仏性礼拝行と平和活動

先にゴータマ＝ブッダの成道の場面をパーリの律蔵よりみたのであるが、大乗の『華厳経』によれば、推し量りがたいその自内証といわれる仏の悟り（天眼）をとおして一切衆生を観察され、仏は沈黙を破り、つぎのような言葉を仰せられたとされている。

「奇なる哉、奇なる哉、いかんぞ如来の具足せる智慧は、身中に在りてしかも知見せざる、我まさに彼の衆生を教えて聖道を覚悟せしめ、悉《ことごと》く永く妄想顚倒《もうそうてんどう》の垢縛《くばく》を離れしめ、つぶさに如来の智慧、その身内に在りて、仏と異なることなきを見《さと》らしめん」（「宝王如来性起品第三十二之三」大正九・六二四ａ）

仏が実相を見極められ、大いなる喜びとともに心に映じたこの世界は、一切の生きとし生けるものもまた仏と同じ智慧を身中にそなえていることであった。しかし私たちは、真実とは全く逆の虚妄の分別によって生死の束縛に囚われているのだという。「いかなる人でも、無差別平等に仏たらしめる」という仏の一大事因縁とは、如来の智慧が私たちそれぞれの内側に、しかも誰にも平等に存在することを気づかせることを入口とする。

『法華経』の「常不軽菩薩品第二十」で説かれる常不軽菩薩は、威音王仏の没後、「像法」の時代――すなわち、教法〔教〕があり教法に従って修行する者〔行〕があるが、修行の果報を得る者〔証〕がいない時代――に経典を読誦せず、ただ人々を敬って「我、深く汝等を敬う。敢えて軽慢せず、……汝等皆当に仏となるが故なり」と言って、但行礼拝《たんぎょうらいはい》の修行に徹した菩薩である。この行は、自ら悟ったと思い込んでいる高慢な人々には理解を得られず、土塊を投げられたり、棒で打擲されることもあったが、なお遠くに走り逃れては合掌礼拝を繰り返した。多くの人々に成仏の種を植えた常不軽菩薩は、死に臨んではその功徳により宿罪を消滅して、六根清浄を得たという。この常不軽菩薩こそ過去世での釈迦牟尼仏の姿であったという。

この菩薩が日蓮の折伏行のモデルであった他、宮沢賢治の「雨ニモマケズ」でうたわれる菩薩（「デクノボー」）を指すものとしても有名である（「あるひは瓦石さてはまた／刀杖もって追れども／見よその四衆〈のなかにして〉に具はれる／仏性なべて／拝をなす」『雨ニモマケズ手帳』）。

この菩薩の授記は、衆生に悉く仏性があることを示したものであり（世親『法華論』巻下）、先述の『華厳経』「宝王如来性起品」の引用の知見に通じ、仏の本願そのものを行じる菩薩であるといえよう。その行は、教えを説く菩薩行から礼拝の菩薩行へと革新的に変貌し、誰もが仏となることの一般論ではなく、「汝ら」「あなた方」という二人称で語りかけるところに『法華経』のねらいがみてとれる。

私たちはこの常不軽菩薩の精神から、今日の宗教協力活動に必須の基本姿勢を学びとることができよう。世界で起こるあらゆる紛争を解決するには、一宗派の一宗教者としては非力としか言いようがないが、そのような活動の根底に人や国、その相対する相手方の仏性を礼拝する精神がなかったならば、どのような方策においても平和が招来されることはないものと思う。一期一会の精神にある「出会い」や「縁」を生かしていくことは、目の前の「汝」の仏性を拝む精神の実践でもある。常に自分を開いて異質なものとの出会いを肯定していく仏性礼拝行は、自己変革をもたらし、延いては平和へと向けた社会変革をもたらす大きな縁となっていくものであると期待したい。そのためのもっとも身近で平易、簡潔な菩薩行は、まず私たち自身が出会う人々に対して善き縁となるよう努力することであり、人との出会いの「縁」の力を大切にしていく生き方をすることにあろう。人と人、国と国との関係のなかで、そこで交わる直接の出会いこそが誤解を解き、不信感や警戒心、敵意すらも解きほぐしてくれるものであろうと思う。立正佼成会の開祖・庭野日敬師がそうであったように、宗教者とはその役割を与えられた者なのである。ロバート・キサラ神父もご指摘されることであるが、常不軽菩薩の仏性礼拝行にしたがって、平和への活動を私たちのより身近なところから始めて、すべてを愛他的に捉える揺るぎない信念の実践行のなかで、寛容な風土が生み出されていくものであると思うのである。

以上は、『法華経』の二大テーマの内の一つ、「開三顕一」で表される根本仏教と法華経の会通の意味を探り、「人間は仏となるために生まれてきた」（二乗作仏）とする迹門を中心に、いわば、「行法観」に関わる大まかなフレームについての考察である。『法華経』「如来寿量品第十六」を中心とする本門のテーマ、「ブッダガヤーで成道した仏は、実は久遠の昔の過去世においで既に成仏していた存在であるという主張」（久遠実成）については、本稿であまり触れることができなかったが、これを「本尊観」に関わるテーマとして次の機会には考えてみたい。

（本稿は平成二十年度より中央学術研究所内において中島克久（所員）を中心に共に行なってきた「新大乗運動研究会」の成果におうている。）

【参考文献】


中村雄二郎著『臨床の知とは何か』岩波新書、一九九二年一月。

Garrett Hardin, "The Tragedy of Commons", *Science*, vol.162, No.3859.(Dec.13,1968), pp.1243-1248.

福岡伸一著『生物と無生物の間』講談社現代新書、二〇〇七年五月。

アダム・スミス著／永田洋訳『道徳感情論』〈上〉〈下〉、岩波文庫、二〇〇三年二月、四月。

ハンス・キューン、カール・ヨーゼフ・クシュル編著／吉田収訳『地球倫理宣言』ぼんブックス36、世界聖典刊行協会、一九九五年七月。

中村元訳『ブッダ神々との対話――サンユッタ・ニカーヤⅠ』岩波文庫、一九八六年八月。

中央学術研究所社会倫理研究会編『共生と平和の生き方を求めて——法華経からのメッセージ』佼成出版社、一九九九年九月。

アンナ・ルッジェリ著「ハンス・キュングにおける仏教の理解（1）」（「アジア・キリスト教・多元性」第五号、現代キリスト教思想研究会、二〇〇七年三月、六一—七〇ページ、http://130.54.245.7/christ/asia/journals/asia5ruggeri.pdf）。

木村泰賢著『大乗仏教思想論』（木村泰賢全集第六巻）大法輪閣、一九六七年十二月。

藤田宏達著「一乗と三乗」（横超慧日編著『法華思想』所収、平楽寺書店（一九六九年）一九八六年六月）。

奈良康明著「ヒンドゥー世界の仏教」（奈良康明・下田正弘編『仏教出現の背景』新アジア仏教史第一巻、佼成出版社、二〇一〇年四月）。

奈良康明・沖本克己・丸山勇著『禅の世界』東京書籍、二〇〇七年九月。

平川彰著『原始仏教の教団組織Ⅰ』（平川彰著作集第一一巻）春秋社、二〇〇〇年七月。

ケネス・G・ジスク著／梶田昭訳『古代インドの苦行と癒し——仏教とアーユル・ヴェーダの間』時空出版、一九九三年六月。

立正佼成会教務局編『四諦の法門の意義と活用〈上〉』一九六三年二月。

「川本欣央「救いに徹する——結びの視点と実践方法」講義録」（『さまざまな布教者の研究——

川本欣央氏の事例』所収、中央学術研究所、二〇一〇年三月、三一―六六ページ)。

ロバート・キサラ著『宗教的平和思想の研究――日本新宗教の教えと実践』春秋社、一九九七年二月。

宮沢賢治著「雨ニモマケズ手帳」(『新修宮沢賢治全集第十五巻』筑摩書房、一九八〇年十一月)。

第二章

# いのちの尊厳と「共に支え合う」社会の実現に向けて

【人権】……………………眞田芳憲

## 一　「木の股からでも生まれて来やアあるまいし」

「戦後の人心に特別目立つ傾向は、早く言えば、「為《し》たい放題」「我儘勝手」で、自分の利益になり、快楽になり、売名になり、総じて、何かの意味において私慾の満されることなら、他人《ひと》の迷惑など屁とも思わず、しゃしゃり出ては奪い合う傍若無人さだ。これは、一々実例を挙げる必要がないほど、皆様先刻御承知のことだろうし、もし一箇半箇にもせよ、ひりりと脛《すね》の疵《きず》にさわられたような気のなさる方《かた》があるなら、なおさら以って結構な話だが、かかる風潮が、「民主主義」だの「自由思想」だのという美名の下《もと》に許さるべきだとすると、恐らく、われらの愛する日本国に、このさきそう永い歳月は期待されまい。」

この一文は、第二次世界大戦後の混乱がいまだなお収まらない昭和二八年、もともと道元禅師七百回遠忌の記念事業の一つとして曹洞宗本山の依頼を受けたものの、結局、両者の合意により、完全に自由な著述として執筆されることになった里見《さとみ》弴《とん》の『道元禅師の話』からの一節である（岩波文庫、一九九四年、二四七頁）。

すでに半世紀を超えた今日であっても、私たちの社会の各層に蔓延している各種各様の倫理の空洞化現象を見るとき、里見弴の予言はあまりにも鋭く的中しているのではないかと、慨嘆の念を禁じ得ないものがある。

里見は、人間なるものの存在を次のように説く。

「「縦棒」即ち人類の今日《こんにち》に至った全過程を背後《うしろ》にし、「横棒」即ち同時代の空気を呼吸する全世界の人々と肩を連《つら》ねて、その二本の棒が十字に交叉する一点に、「或る男」と「或る女」との媾合《こうごう》に因って、私なら私という一人間の存在が生じたわけ。」（二四八頁）

ところが、今の世の人びとは人間存在のこの真実たることを知らないし、知ろうともしない。長文の引用になるが、彼の言葉をさらに続けることにしよう。

「私の幼い頃の老人連中は、勝手気儘をはたらく若い者に向って、よく、――なんてえ奴だ！　木の股からでも生れて来やアしまいし、と、面罵《めんば》を加えていたが、なるほど、うまいことを言うもので、もしも縦横の棒や、随って十字の交叉点なしに、ぴょこんとそんなところからでも転げ落ちた存在だとすれば、過去、未来、現在の、何者との関係《かかりあい》もあるわけではないのだから、思うままの為《し》たい放題をして、なんら疚《やま》しさを感じなくて当然《あたりまえ》。……(中略)……誰でもが十字上の一点、即ち過去には、広い意味でいう「伝統」と、現在には「社会」との、断ちきりがたい連繫《つながり》をもっていることは明白なる事実だ。どんな我儘者でも、恐らくこれは否みがたかろう。

然るに、あながち戦後の日本人ばかりとはかぎらず、世界中の傾向として、どうしたわけか、一般的に「感謝の念」というものが薄れて来ている。私慾を満してやれば、一応は喜ぶ、が、大抵はその場かぎりだ。たまに親切な人があって、相手の将来を思うのあまりに言うにしても、警告や誡訓の形をとったが最後、河豚《ふぐ》のように膨《ふく》れあがってしまい、それでもまだ利用価値を認める間は、しぶしぶながらも寄りつこうけれど、あとは洟《はな》もひっかけはしない、……そんな人間が目に見えて殖《ふ》えて来ている。……(中略)……そこで、あたかも「木の股からでも生まれたよう」な得手勝手も振舞われるというもの。同時にまた、「伝統」も「社会」も眼中にないとならば、野蛮人、……いや、ゴリラ、チンパンジーの類《たぐい》で、これまた何を為《し》ようと、毫も責任など感じそうな理由はないのだ。」

(二四九—五〇頁)

ところで、『日本国憲法』が施行されたのは、里見弴の『道元禅師の話』が公刊される六年前、昭和二二年五月三日であった。この憲法第十三条は次のように定めている。

「すべて国民は、個人として尊重される。生命、自由及び幸福追求に対する国民の権利については、公共の福祉に反しない限り、立法その他の国政の上で、最大の尊重を必要とする。」

憲法第十三条前段において尊重されるべき「個人」とはいかなる者をいうのか。里見弴流の言葉を用いれば「木の股から生まれた輩」とでも言うのであろうか。そうであるとすれば、誰の世話も受けず、この世に生を享けて自立して存在する自己である以上、自己の自由と自己の権利を主張するのは至極、当然と言わねばならない。

しかし、そうした人間観は、すでに第一章で述べたように、人間存在の自然の摂理とはまったく相容れないものであることは言うまでもない。ここに、あらためて、尊重されるべき個人とはいかなる者をいうのか、そして、個人の尊重と、生命・自由・幸福追求の権利、いわゆる人権とはいかなる関係にあるのかが問われることになろう。

## 二　人間の尊厳と人権

### 1　「人権」のみが「人間の尊厳」の実現を可能にするのか

今日、人びとが人間の束縛と隷従からの解放を口にするとき、いわゆる「人権」ということが頭に思い描かれているのではないだろうか。しかし、「人権」と「人間の尊厳」とは明確に区別されなければならない。

一九四八年、国連総会において『世界人権宣言』が採択された。この『宣言』は、西洋の人権思想の結晶と称されているものである。そして、その前文には「人類社会のすべての構成員の固有の尊厳と平等で譲ることのできない権利とを承認することは……」と明定され、「構成員の固有の尊厳」と「平等で譲ることのできない権利」とが区別されている。

そのうえ、第一条において「すべての人間は、生まれながらにして自由であり、かつ、尊厳と権利について平等である」と定められており、ここにおいても人間の「尊厳」と「権利」とが明確に区別されている。ここで規定されている「平等で譲ることのできない権利」が人権にほかならない。

さらに、これをもっと明確に表現しているのが、一九六六年に採択された『国際人権規約』である。この規約を構成する『経済的、社会的及び文化的権利に関する国際規約』も『市民的及び政治的権利に関する国際規約』も、その前文において「この規約の締約国は、国際連合憲章において宣明された原則によれば、人類社会のすべての構成員の固有の尊厳及び平等かつ奪い得ない権利を認めることが世界における自由、正義及び平和の基礎をなすものであることを考慮し、これらの権利が人間の固有の尊厳に由来することを認め、」と明定している。

このように、「人間の尊厳」と「人権」が明確に区別されていることは、「人間の尊厳」が人類の実現すべき目的であって、「人権」はこの「人間の尊厳」を実現し、これを擁護するために考え出された一つの手段でしかないということを意味する。

しかし、過去から現在に至るまで、人類の叡智は、「人権」のみが「人間の尊厳」を実現するものとは必ずしも考えてこなかったことを、私たちは想い起すべきである。

たとえば、西洋の思想と対峙するイスラームでは、人間の尊厳は、個々の人間が神に対して神の僕としての義務を履行するところに付与される。イスラームという言葉が「唯一神アッラーに対して絶対的無条件に帰依、服従する」ことを意味していることからも明らかなように、神によって作り出された人間は、創造主たる神の意志＝神の法シャリーアに絶対無条件に服従し、その定めに従い義務を履行してこそ、人間としての尊厳は付与されるのである。

国家法といえども、人間の作った法である以上、神の法、すなわち神の啓典クラーンと預言者ムハンマドの言行録であるスンナを法源とするシャリーアに従わねばならない。シャリーアに違反する国家法はもとより、国家行為や企業行為もすべて無効となる。イスラーム国家においては、主権者はひとり神のみであって、国家権力者は神の代権者にすぎない。国家権力者であっても、神の命令に服従し、神から課された義務を履行しなければならない。

したがって、イスラーム世界では権利より義務が、自由よりも平等と責任が重んじられることになる。

それでは、仏教の場合はどうであろうか。仏教の中心思想は「縁起」である。縁起とは、原始仏典では「これあればかれあり、これ生ずるがゆえにかれ生じ、これなければかれなし、これ滅するがゆえにかれ滅する」と説かれている。私という存在を一つ見ても、この世の私はどこまでも絶対的個人である。そうでありながら、他者から切り離された存在ではあり得ない。私たちは、好むと好まざるとにかかわらず、縦の時間軸と横の空間軸とが交差する他者との相互依存の関係性のなかで生存しているのである。

したがって、私たちは互いに「生かされて、生きる」存在である。これがこの世の実相であってみれば、「生かされて、生きる」生き方をしなくてはならない。この考えに立って、仏教は「慈悲」を説くのである。伝教大師最澄は、慈悲について「悪事（困難なこと）を己に向え、好事（簡単なこと）を他に与え、己を忘れて他を利するは、慈悲の極みなり」と説いている（『山家学生式』)。「己を忘れて他を利する」とは、二項対立的な自他の関係を否定して他者と合一する自他不二の倫理であり、他者との差別に即しつつ差別なき自他同一の実践ということになる。人間は何ぴとも仏性、すなわち仏となり得る可能性を持っているとはいえ、その仏性の開顕は慈悲の実践、菩薩行によって決まる。仏性の開顕、すなわち「人間の尊厳」は、仏教では「己を忘れて他を利する」、換言すれば「先ず人さまに」の実践によって光り輝くことになる。ここにおいては結果的に、イスラームの場合と同じように、仏教の社会倫理は権利より義務を、責任を重んじることになる。

中国文化圏の支配的倫理としての儒教の場合も、「譲ることのできない権利」としての「人権」という観念を生み出すことはなかった。儒教によれば、人と神、天と地、森羅万象ことごとく調和的に秩序づけられた統一的宇宙の有機的な諸部分として位置づけられる。それゆえ、人間の自己実現としての最高の目標は、その思惟・感覚・行為において全宇宙を遍く支配する諸関係の自然調和と完全な一致を保つことであった。このような世界の自然的秩序のなかで個人の行為の正当性を規律する規範が、「礼」である。

個人は、「礼」の規範に服従し、上位者と下位者間、年長者と年少者間、貴人と庶民間、父と子供間、夫と妻間などの生活関係において、中庸と謙譲の徳のなかに生きてこそ「理想的人間」となるのである。したがって、ことさらに自己の権利を主張し、人間関係の不調和を一層激化させ、社会の平和を掻き乱す者は、人間としての基本的徳性を欠く、粗野で無教養な人間とみなされる。

その意味において、中国の伝統的社会では、「人権」は問題となることはなく、ただ「人間の尊厳」が問題となるのみであった。ここにおいても、権利より義務が、自由より責任が重要視されたことは言うまでもない。

アフリカ文化圏における伝統的な人間観は、西洋近代哲学の祖デカルトの「我思う、ゆえに我あり」という言葉に準じれば、「我々（共同体）あり、ゆえに我あり」に帰すると言われる。人間が生まれたときは、人間ではなく、人であるという。人を人間にするのが共同体であり、共同体が人間をつくるというのである。このことは、人間が共同体のなかに埋没していることを意味しない。むしろ、人間は共同体において自己実現が可能となるのである。

ここにおいては、当然のことながら、個人間の契約に基づく権利・義務は共同体の倫理や慣習の枠内において認められる。しかし、契約に基づく義務を越えて自己の能力を発揮すべき義務、さらには共同体およびその構成員のために自発的になされる義務（「義務でない義務」を果たす贈与的行為）の履行が重んじられ、それを基準として「彼は人ではない」「彼は本当の人間だ」と評価されることになる。

したがって、人間の尊厳は共同体の構成員として共同体において「人間」となる義務を履行することによって与えられるのである。

いずれにせよ、「人間の尊厳」を実現する手段としての「人権」という観念は、一言で言えば、一七・八世紀の近代西洋の人間観・国家観・法律観の永い伝統の下に創出されてきたものであった。それゆえ、「人権」という思想を無条件に絶対化・普遍化し、これを文明の真実の証として西洋の文化伝統と異にする非西洋文化の人びとに強要することは、それらの人びとの社会に混乱をもたらし、社会の荒廃をもたらしかねない危険を内蔵させていることに留意しておかねばならない。

たとえば、かつて米国のカーター大統領の政権時代においてカーター大統領の「人権外交」が非西洋諸国を中心に、関係各国から厳しい批判を受け、カーター政権の外交戦略が失敗に帰したことは、まだ私たちの記憶に残っているはずである。最近では、二〇〇一年の米国における「九・一一同時多発テロ事件」を契機にして突入したイラク戦争が想起される。

ブッシュ大統領による「戦闘終結」宣言後の二〇〇三年九月、ブッシュ大統領はテレビを通じて米「九・一一」以来力説してきた「テロとの戦い」を再度、前面に掲げ、「我が国の国民に対する攻撃は私たちを一つの国民としてつくりあげている理想に対する攻撃である」「いかなる生命も自由かつ平等に生きるために創造主が与えてくれた贈り物であるがゆえに、一つ一つの生命がいかに貴重なものかを、私たち国民は心の奥底から理解している」（Our deepest national conviction is that every life is precious, because every life is the gift of a creator who intended us to live in liberty and equality.) そして「何よりもこのことが私たちと敵とを分かつものである」と語っている。

ブッシュ大統領の語る「すべての生命」(every life) には、彼の言う「テロ国家」の無辜の市民の生命は含まれていない。いかなる国家に属するとはいえ、罪なき市民の「生命」も、大統領が語っているように、「自由かつ平等に生きるために創造主が与えてくれた贈り物である」ことは、まさにアメリカの「独立宣言」の言葉を借りれば、「自明の真理」(self-evident truth) であるはずである。彼には、アメリカ市民の生命のみが創造主から祝福される「生命」なのであろうか。

ブッシュ大統領は、彼の演説を「神よ、アメリカに祝福を与えたまえ」(May God bless America.) という言葉で結んでいる。神は、言うまでもなく、森羅万象のことごとくを創りあげた創造主であるはずである。しかし、彼にとって神は、アメリカ国民だけの神なのであろうか。「アメリカ国民だけの神」とは、はたして「神」の名に値するものなのであろうか。

## 2 「人間の尊厳」を可能にするもの

先に見たように、『世界人権宣言』は、「すべての人間は、生まれながらにして自由であり、かつ、尊厳と権利について平等である」と宣明している。しかし、私たちは無条件に「すべての人間は、生まれながらにして自由、尊厳、権利において平等である」と断定できるのであろうか。奴隷制度が正当化されていた過去に遡るまでもなく、現代において一日当たり二ドル以下の生活を余儀なくされている三〇億人を越える開発途上国の人びと、実に世界人口の約半数の人びとの悲惨な現実をどう見たらよいのであろうか。

国際通貨基金によれば、世界の経済生産高は二〇〇九年に七〇兆ドルに達した。この七〇兆ドルが世界中すべての老若男女に平等に分配されるとしたら、一人当たりの年間収入は約一万ドルになるはずである。しかし、実際には現実の世界では八〇〇人の億万ドル長者と九〇〇万人の百万ドル長者がいる一方で、世界人口の約半数の三〇億人が一日当たり二ドル以下で生活をしている。

「すべての人間は、生まれながらにして自由、尊厳、権利において平等である」と宣明した『世界人権宣言』のこの言葉は、確かに世界の上位二〇億人に属する恵まれた人びとに当てはまるかもしれない。しかし、その幸運から見放され、疎外された極度の貧困生活を余儀なくされている人びとにとって、この『宣言』の文言は空文以外の何物でもない。

そもそも「人間の尊厳」とは何を言うのであろうか。先に述べた世界の現実というグローバルな視点に立つまでもなく、私たちの最も身近な生活のなかから母と子の関係で考えてみよう。

女性は、子供を産めば、何ぴとも母となる。しかし、そのことが当然かつ必然的に「母の尊厳」の獲得を意味するものとなるのであろうか。必ずしもそうでないことは、不幸にも、いまや社会の現実となっている。

女性が新しい「いのち」を胎内に宿し、育み、出産し、慈しみ育てる――わが子のために身心の疲れを忘れ、己れのすべてを捧げ尽くすその自己犠牲の愛こそが、母となった女性を偉大にし、文字通り「母の尊厳」を高らしめるものとなるのではないのか。自分の胎内に与え恵まれた新しい「いのち」に、自分のすべてを分かち与えるその自己犠牲という愛の行為のなかに、まさしくその慈悲の行為のなかに「母の尊厳」が生み出されてくるのではないのか。

母として「求める」のではなく、母として「与える」、母として「自分の利益」を主張するのではなく、母として「わが子の利益」を利する、母としての「権利」を主張するのではなく、母として「責任」と「義務」を履行する――そのところにこそ、「母の尊厳」が光り輝くのではないのか。

いま私たちに求められているのは、母と子の関係における「母の尊厳」を拡大し、普遍化して、自己と他者との関係における「人間の尊厳」へと展開させていくことであろう。しかし、そのための事前作業として、私たちが「自明のもの」として与えられてきた人権観、そしてその人権観が所与のものとして前提としてきた人間観について検討しておくことにしよう。

## 3　「人権」という観念の普遍性と相対性

『日本国憲法』は、すでに述べたように、国民の基本的人権について次のように定めている。「すべて国民は、個人として尊重される。生命、自由及び幸福追求に対する国民の権利については、公共の福祉に反しない限り、立法その他の国政の上で、最大の尊重を必要とする。」(十三条)この憲法の規定がアメリカ合衆国の人権文書の系譜を引くものであることは、よく知られているところである。

一七七六年の『ヴァジニア権利章典』は、第一条において次のように規定している。すなわち、「すべて人は生来ひとしく自由かつ独立しており、一定の生来の権利を有するものである。これらの権利は人民が社会を組織するに当り、いかなる契約によっても、人民の子孫からこれを〔あらかじめ〕奪うことのできないものである。かかる権利とは、すなわち財産を所得所有し、幸福と安寧とを追求獲得する手段を伴って、生命と自由とを享受する権利である。」。

さらに、『ヴァジニア権利章典』の採択後一か月も経たない一七七六年七月に可決され、アメリカ全国に公表された「独立宣言」には、次のような一節が表明されている。すなわち、「われわれは、自明の真理として、すべての人は平等に造られ、造物主によって、一定の奪いがたい天賦の権利を付与され、そのなかに生命、自由および幸福の追求の含まれることを信ずる。」

アメリカの『独立宣言』の一三年後の一七八九年、フランス革命が勃発した際に可決、採択された「フランス人権宣言」も同様であって、先ず、前文において「……の厳粛な宣言の中で、人の譲渡不能かつ神聖な自然権を展示することを決意した……」と宣明に、第一条で「人は自由かつ権利において平等なものとして出生し、かつ存在する。社会的差別は、共同の利益の上にのみ設けることができる。」と明定されている。

このように「人間の尊厳」を実現する手段としての「人権」という思想は、絶対主義の独裁的なシステムを打倒し、民主主義の政治的構造を持つ市民社会を生み出した。そして、法的には人権、政治的には民主主義、経済的には資本主義、社会的には自由・平等の思想で特徴づけられる市民社会を成長させていったのである。

確かに、西洋は人権の尊重を通して市民各個の人間としての尊厳を実現していった。しかし、すべての制度がそうであるように、人権思想にも功罪の二面を備えていたことも見逃してはならない。人権の尊重を通して人間の尊厳の実現という道は、あくまでも西洋世界の内部に用意されたものであった。一歩、西洋世界の外に出ると、そこに住む人びとの人間の尊厳性は無視され、剝奪されていったのである。

たとえば、アメリカ大陸や南洋州における原住民の殺戮やアフリカ大陸における黒人の奴隷貿易、さらに西アジア、南アジア、東南アジア、広くアジア、アフリカやラテンアメリカに対する西洋諸国の帝国主義的植民地支配によって歴史上、未曾有の、大量かつ組織的な人間の尊厳性の剝奪と人権の侵害が繰り広げられていったことは、あまねく知られているところである。

日本も、その例外ではなかった。戦前の朝鮮半島や中国に対する帝国主義的な植民地支配、そうしたなかで朝鮮半島や中国の人びとの人間の尊厳性がどのように剝奪されていったか——これまたあまねく知られているところである。

第二次大戦後、確かに先進国列強の植民地支配は、終焉したかに見えた。しかし、現実には世界の警察官を自認する米国とその同盟国は、パレスティナ・エジプト・アルジェリア・イラン・リビア・サウディアラビア、その他の中東諸国における自由と正義を求める民衆運動を自国の国益に対する脅威と見て、その反対の権力保持勢力を支援し、一般民衆の人権侵害状況を生み出していった。

二〇〇一年一〇月に開始されたアフガニスタン戦争についても、同様のことが言える。確かに、米軍はその超現代的軍事力で前近代的な軍事力しかないタリバーン兵力を一挙に破壊し、タリバーン政権を崩壊させた。ブッシュ大統領が九月一三日に演説した「自由を守り、われわれの世界における幸福と正義を守るための前進」は推し進められ、大統領の決意が成就したかのように見えた。しかし、九年間を経た今日、タリバーンなどのイスラーム勢力の勢いは一向に衰えないばかりか、米軍の死者はすでに一〇〇〇人を超え、米軍の軍事的勝利の展望は開けていない。アフガニスタン戦争は、いまや泥沼化している。

かつてブッシュ大統領は、「この戦いに中立はない。各国はテロリストの敵か味方か、選択しなくてはならない」と公言した。この論理の行き着くところは、米国政府の政策を積極的に支持しない国または個人がすべてテロリストと見なされ、「悪の枢軸」「ごろつき国家」のレッテルがはられて、イラクが名指しされたように、「新しい戦争」の標的とされるということになった。それはまさしく世界的規模の国際恐怖政治の到来でなくして何と言うべきであろうか。

ブッシュ大統領が、アフガニスタン攻撃の演説において次のようにも語った。「アフガンの圧制に苦しむ人びとは合衆国の寛大さを知るであろう。われわれは軍事拠点を攻撃するが、食糧や薬品も投下する」と。罪なき老若男女の一般市民をも殺し、傷つけ、自然環境も社会環境も破壊しながら、「食糧や薬品も投下する」という傲慢とも言うべきこの自己矛盾的な言葉こそ、米国の外交戦略が「自由・平和・人権」ではなく、「覇権」であることを如実に示していることにならないのか。

西洋によってもたらされた非西洋世界の人権侵害状況は、必然的に西洋の人権の性質や性格そのものに重大な疑義を生じさせることになった。いわく、人権思想の草創期において創造的であった個人の尊重という個人主義が、いまや西洋社会の構造そのものに崩壊の脅威を与える俗悪で、野卑な利己的個人主義になっているのではないか。いわく、権利の観念と結びついた個人の自由は、いわばそれが自己目的となり、責任ということの重さを否認しているのではないのか。いわく、西洋の人権論は、市民的・政治的権利を強調しても、経済的・社会的・文化的権利を軽視しているがゆえに、その人権の観念は、特殊かつ局部的なものでしかないのではないか。

西洋の人権論に対するこうした批判から、非西洋世界は人権の普遍性を否定し、それぞれの民族の自然的・政治的・社会的・文化的伝統に根源を置く人権の相対性を強調する。その典型的な事例が、西洋の個人主義的人権の解毒剤として、家族や部族やその他諸種の共同体を強化し、むしろそのために個人の責任の重要性を強調する主張となって現われてくる。

しかし、短絡的にこの主張に与することは、いささか危険なしとはしないであろう。なぜなら、いかなる環境のなかにあっても尊重されるべきものは、人間各個の人間としての尊厳であるからである。このことは、アジアの諸宗教において神仏のメッセージがすべて各個の人間の救われに向けられていることからも明らかである。

まさに、それゆえにこそ、「人権」と「人間の尊厳」とは区別されねばならない。人権の観念は相対的であっても、人間の尊厳は時間と空間を超え、すべての個人において尊重されるべき普遍性を有している。地球上のそれぞれの地域において人びとは、人間の尊厳を尊重し、これを実現するための思想をどのように構築し、それを具体化するための諸種の法的・社会的制度をどのように確立してきたのか、そして近い将来、世界の各地域に通底する共通の観念から人類共通の観念を形成していく可能性と現実性をどのように模索しようとしているのか。いまや、これが、私たちに課せられた喫緊の課題なのである。

## 三 「人間の責任について語る時がきた」

### 1 『世界人権宣言』五〇周年と『世界人間責任宣言』草案

一九九八年、『世界人権宣言』(The Universal Declaration of Human Rights) は五〇周年を迎えた。この年、世界各国で、この歴史的文書の世界史的使命を寿ぐため各種各様の記念の行事が開催され、また種々様々な出版物も刊行された。まさにこの年は、二〇世紀最後の歴史の歩みのなかで貴重な一歩を刻むことになった。

世界の各地で祝賀された数々の記念事業のなかでも、特に特異な、そしてキリスト教的意味での預言者的地位を占めているのが、インターアクション・カウンシル (InterAction Council) ——わが国では、通常「OBサミット」と呼ばれている——によって提案された『世界人間責任宣言』(A Universal Declaration of Human Responsibilities) である。

インターアクション・カウンシルは、一九八二年、日本の福田赳夫元首相の提唱に基づき、H・シュミット元西ドイツ首相、V・ジスカール・デスタン元フランス大統領、およびキャラハン元英国首相等が相諮り、翌八三年に東西南北陣営に属する世界の二四人の元首相と元大統領によって設立された。現在は、三三人の元政治指導者によって構成されている。

世界の政治指導者であっても、現役の首相や現役の大統領である限り、自国の国益や短期的問題の解決を優先せざるを得ず、自由な立場で国益を離れた地球的・人類的課題に取組むことが困難であり、現実にそうした場は極めて限られている。こうした政治的現実の下に、一国のトップを経験した世界の政治指導者が国益を離れて、自由な立場で長期的な地球的・人類的諸問題を論議し、現役の政治指導者に対して提言を打ち出していくという極めて斬新なアプローチで設立されたのが、このインターアクション・カウンシルであった。

インターアクション・カウンシルの設立の一九八三年当時は、核戦争の恐怖が世界を重く覆っていた米ソ対決の冷戦の最盛期であった。それゆえ、インターアクション・カウンシルの活動は平和と軍縮に焦点が絞られ、軍縮に関し数多くの提言を行ない、その成果の一つが一九八六年のアイスランドにおけるレーガン＝ゴルバチョフ会談となって結実した。さらにまた、インターアクション・カウンシルは環境問題にもいちはやく着目し、世界中に警鐘を鳴らし、一九九二年のリオ・デ・ジャネイロでの「国連環境開発会議」（通称、地球サミット）を実現させた。このようにして、インターアクション・カウンシルは二〇世紀最後の二〇年間に世界の流れを変えることに大きく貢献してきたのであった。

## 2 「世界人間責任宣言」の構想

インターアクション・カウンシルの『世界人間責任宣言』の構想は、一九八七年にまで遡る。現代は、良きにつけ悪しきにつけ、いわゆる「グローバリゼーション」の世界である。経済の分野で特に著しい経済活動のグローバル化は人口爆発、地球温暖化、地域紛争や内戦、武器の生産と輸出の加速化、道徳や文化の衰退等の深刻な問題をグローバル化させている。グローバルな問題は、グローバルな解決策によらなければこれを克服することはできない。

それでは、グローバルな問題は、どのようにして解決され得るのであろうか。それは、基本的にあらゆる地域の、あらゆる社会とあらゆる文化によって遵守されなければならない理念・価値観・規範を基盤とした解決策でなければならない。すなわち、グローバル化した地球的課題に対応し得る普遍的な共通倫理、換言すれば地球倫理（global ethic）を基礎に据えた解決策によってはじめて解決の道が切り開かれることになる。

このような基本的認識のうえに立って、インターアクション・カウンシルは「すべての人びとの平等かつ不可侵の権利の承認は、自由と正義と平和の基盤が前提となるが、それはまた、権利と責任に同等の重要性が与えられなければならない」と論じ、「人間の責任について語る時がきた。」（It is time to talk about human responsibilities.）と訴えたのである。

そして、そうした思想的基調のうえに立って、人間性の基本原則・非暴力と生命の尊重・正義と連帯・真実と寛容性・相互尊敬とパートナーシップの五項目を掲げた一九か条から構成された『世界人間責任宣言』（A Universal Declaration of Human responsibilities）を起草し、二五人の元首相と元大統領がこれに署名したのであった。このようにして、インターアクション・カウンシルは国連の『世界人権宣言』（The Universal Declaration of Human Rights）採択五〇周年の一九九八年に、人権宣言を強化するためにも「権利」の裏側にある「責任」を国連の場で論議し、『世界人間責任宣言』の採択を要望したのであった。

しかし、「機は未だ熟さず」と言うべきか、特に西洋の人権運動家からはこの『宣言』の精神の正しい理解を得られず、「この宣言は人権の弱体化につながるもの」との猛反対を受けることになった。このように、『宣言』の真の精神が理解されず、西洋諸国の政府はこの草案を国連の場に送ることを見合わせざるを得なくなったのである。

しかし、これをもってこの『世界人間責任宣言』草案の命運が永遠に尽きたと断定することは、あまりにも早計と言わねばならない。この『宣言』草案の作成に指導的役割を演じたインターアクション・カウンシルの名誉議長ヘルムート・シュミット元西ドイツ首相は「このような抽象的な概念が一般的に受け入れられるまでには、地味な活動を長年続けなければならない。年月をかければ人権擁護者たちの誤解も解け、いずれは『責任宣言』に対する世界的な支持が得られると確信している」と述懐している。

事実、シュミット元首相は、二〇〇〇年一一月二八日、「世界宗教者平和会議」（WCRP, World Conference on Religion and Peace）創立三〇周年記念式典（京都）において「新たなる世紀における人間の責任の確立に向けて」（Toward Establishing Human Responsibility in the New Century）と題する記念講演を行ない、『世界人間責任宣言』草案の基調原則を次のように強調したのであった。

・私たちに生命の権利があるとすれば、私たちには他の一切の存在の生命を尊重する義務がある。
・私たちに自由の権利があるとすれば、私たちには他者の自由を尊重する義務がある。
・私たちに安全の権利があるとすれば、私たちにはすべての人間が人間としての平和を享有できる条件を創出する義務がある。
・私たちに自国の政治過程に参加し、指導者を選挙する権利があるとすれば、私たちにはそれに参加し、最良の指導者を選ぶことを保証する義務がある。
・私たちに思想の自由、良心の自由、信仰の自由の権利があるとすれば、私たちには他者の宗教や他者の思想を尊重する義務がある。

・私たちに地球の恵みを享受する権利があるとすれば、私たちは地球の天然資源を尊重し、保護する義務がある。

## 3 『世界人間責任宣言』が訴えるもの

言うまでもなく、すでに述べたように、『世界人間責任宣言』は人間の「責任」を強調して、人間の譲ることのできない権利である「人権」の力を弱めることを意図するものでは決してない。権利と義務、自由と責任は相互依存の関係にあってみれば、両者の関係を均衡のあるものにしなければならない。『世界人間責任宣言』は、『世界人権宣言』を倫理的角度から支持し、これを強化しようとするものなのである。それゆえ、前文において、特に「かくして、我ら世界の人々は、すでに世界人権宣言が宣明している誓約、すなわちあらゆる人の尊厳、彼らの譲ることのできない自由と平等、および彼らの相互の連帯を全面的に許容することを、改めて確認し、これを強化するものである。」と宣明しているのである。

### 相互依存の関係のなかで「生かされて、生きる」人間存在

人権論の前提となる「人間」の本質についての理解に関し、『世界人権宣言』の人間観と『世界人間責任宣言』の人間観との間に世界史的なパラダイム・シフト、いわゆる人間観のコペル

ニクス的転回がなされていることは、まことに特筆すべきことと言わねばならない。

『世界人権宣言』は、第一条において「すべて人間は、生まれながら自由で、尊厳と権利において平等である。」と定めている。これらの規定は、「ヴァジニア権利章典」の「すべて人は生来ひとしく自由かつ独立しており、一定の将来の権利を有するものである。」（第一条）やアメリカ独立宣言の「われわれは、自明の真理として、すべての人は平等に造られ、造物主によって、一定の奪いがたい天賦の権利を付与され……」の文言の思想的潮流のなかにあるものであって、まさしく直系卑属ともいうべき思想的立場にある。

ここにおいて、特に注目しておかねばならないことは、こうした人間観が各個人の人間が無条件に他者から負荷なき存在という意味で、他者から独立した「最高の存在」ということが「自明の真理」（self-evident truth）として、すなわち無条件に位置づけられているということである。

しかし、こうした人間観は自然の摂理に反する見解である。人間は、本来的に他者なくしてはあり得ない存在である。われわれがここに存在するのは、時間的には父と母のお蔭であり、さらにそれぞれの祖先へと無限に拡大された永遠の生命の断絶なき現在が、われわれの今日である。また、空間的にも、衣食住のすべてにおいて他者に負うているのであり、われわれの生存を可能にしてくれる空気ですら緑の植物のお蔭であり、生態的に見れば人間は「緑の植物の寄生虫」以外の何物でもない。帰するところは、人間は「生かされて、生きる」存在であって、時間的にも空間的にも他者との相互依存の関係で存在しているのである。

『世界人間責任宣言』は、こうした人間観と共有し得る思想的基盤に立つゆえに、各人の積極的な連帯と責任を強調することになる。その具体的な条項が、第四条の「理性と良心を授けられたすべての人々は、各々すべての人に対して、家族と地域社会に対して、そして人種、国家および宗教に対して、連帯の精神によって責任を負わなければならない。自分自身が他者からされたくないことは、他者に対しても行なってはならない。」となって結実しているのである。

**「人間の尊厳」から「いのちの尊厳へ」**

人間各人が過去の世代によって生かされてきた以上、現在に生きる私たちが未来の世代に対して生存を保障する責務があるのは当然である。さらに、現代における科学技術の驚くべき発展は、未来の人類の運命が現在に生きる私たちの掌中に握られていることを示している。私たちは人類の文化的進化にとどまらず、生物学的進化の道をも握ろうとしている。私たちは、人類の未来を作りあげることに過去の人びとが想像もできないほどに決定的な参与を可能としているだけに、未来世代に対する私たちの責任はますます増大している。

われわれ人間は、動植物をはじめ、空気・水・大地等の自然環境によって生存が可能となっている以上、それらの保全について重大な責務を負っている。動植物・空気・水・大地等の自然環境の保護や保全は、人間の権利の単なる客体としての保護や保全であれば、人間の恣意的判断と行使にゆだねられることになる。自然環境の保護や保全が文字通り完全を期するものとなるためには、動植物や自然環境が自ら主体者になって、私たち人間に対して保護と保全を要求するという思惟に立たねばならない。

『世界人間責任宣言』では、その具体的表現が第七条となって明定されている。すなわち、「すべての人は、限りなく尊い存在であり、無条件に保護されなければならない。動物および自然環境も、保護を求めている。すべての人は、現在生きている人々および将来の世代のために、空気、水および大地を保護する責任を負っている。」

ここにおいて、「人間の尊厳」を超克して、生きとし生けるもの一切の存在の「いのちの尊厳」が謳われている。この地平から、私たち個人個人のいのちも未来のいのちも同価値、さらには動植物や自然のいのちも同価値という「いのちの倫理」が展開されていくはずである。この意味において、『世界人間責任宣言』には、『世界人権宣言』に見ることのできない生命観が躍動していることに気付くであろう。

## グローバルな相互依存性とその実現への道

『世界人間責任宣言』は、単に自由と責任との均衡を図るという目的にとどまらず、西洋世界と非西洋世界との間で敵対していると思われるイデオロギーや政治的見解との和解を図ることをも目的としている。すでに言及したように、非西洋世界の論者には西洋世界の人権論を批判し、これを西洋の優位性を拡大するためのプロパガンダ的な手段とみなす者もいる。

現に、西側の政治家のなかにも、たとえばシュミット元首相が先に述べたＷＣＲＰ創立三〇周年記念式典で行なった記念講演に見られるように、『人権』という用語は、西洋の政治家、特に米国の政治家のなかには人権を外交政策で圧力を加えるための「闇の声」として、そして攻撃的な手段として用いる人もいる。こうしたことは、通常、全くご都合主義的であって、中国、イランあるいはリビアに対して行なわれることがあっても、サウディアラビア、イスラエルあるいはナイジェリアに対して行なわれることはない。このように一方に偏したことが行なわれるのは、ひとえに経済的かつ戦略的な利害関係によるのである。」といった厳しい批判を投げかけている政治家もいるのである。

人権観念をめぐるこうした西洋思想と非西洋世界の対立は、いわゆる「文明の衝突」を想起させるものであって、相互に憎悪と敵意を増幅させ、両世界の原理主義者や集団ヒステリーの煽動者の付け込む格好の口実を与えることになる。

それゆえに、インターアクション・カウンシルは、「グローバルな相互依存性によって、私たちは相互に調和のなかで生きていくことを余儀なくされているために、人類はなんらかの規準と制約を必要としている。倫理は集団生活を可能にする最低限の基準である。倫理とその帰結である自己抑制なしには、人類は弱肉強食の世界に逆戻りしてしまうだろう。世界はその上によって立つことのできる倫理的基盤を必要としているのである。」(『世界人間責任宣言』インターアクション・カウンシル専門家会議報告書)と考え、その結実が『世界人間責任宣言』なのである。

## 四　普遍的な共通倫理と宗教の叡智

### 1　個人の尊厳、社会的連帯と責任

今日こそ、私たちに、国際社会たると国内社会たるとを問わず、個人の尊厳を大切にしながら他者との繋がりを尊重し、かつ国家の枠組みに組み込まれることなく、私たちの生活の基盤たる共同体に対する責任に応答していく態度が求められている時代はない。かつてインドのマハトマ・ガンジー(Mahatma Gandhi)は、七つの社会的罪を次のように説いた

1　原則なき政治(Politics without principles)
2　道徳なき商業(Commerce without morality)
3　労働なき富(Wealth without work)

4　人格なき教育（Education without character）
5　人間性なき科学（Science without humanity）
6　良心なき快楽（Pleasure without conscience）
7　犠牲なき信仰（Worship without sacrifice）

ガンジーのこの教えは、今日、緊急性の度合をますます強めて私たちに訴えかけている。個人主義に裏打ちされた過度の自由主義が人びとに放縦ともいうべき自己利益の追求を許し、人間社会に不可欠な社会的連帯性を希薄化させ、社会の荒廃を招来させている。

国家の安全保障の名の下で、過去半世紀で最悪の経済危機のなかにあっても、過去一〇年間で五〇％近く上昇という世界軍事費の増強と極度の貧困のなかに生きる世界人口の半数の人びとの悲惨な生活、リーマンショックによる世界の金融市場の瓦解的影響と競争原理の貫徹した市場経済によって生み出された勝ち組と負け組の二極分化、民主主義という名の下に公共の精神を忘れて衆愚政治のなかに踊る国民と政治家、過度の暴力や性描写を地球全体に伝達するマスメディアの商業主義、官僚や警察官や教員など公職にある者の公僕にあるまじき反倫理的行為、人間操作を可能にする科学技術の進展に伴う「いのちの尊厳」に対する脅威等々――私たちの社会に蔓延している倫理の空洞化現象は、現在に生きる私たちは言うに及ばず、未来を担う来るべき世代のためにも放置できない事態を生み出そうとしている。

これらの問題解決の道は、国内的にも国際的にも法律や規則や条約だけで達成できるものではない。人間の尊厳の実現を希求する人類の願望は、いかなる時にも、いかなる人にも、いかなる組織にも適用され得る万人の一致した価値と基準、すなわち普遍的な共通倫理によってのみ実現され得るのである。こうした願望を抱いて、これまで世界の叡智は数々の国際会議を開いて国際世論を喚起し、提案や報告を通じて国内外の世論の啓蒙に努力してきた。

すでに第一章に述べた、二〇〇六年八月二六日〜二九日、京都で開催された第八回世界宗教者平和会議（WCRP）世界大会も、その努力の一つであった。WCRP発祥の地、京都でのこの大会には、世界のすべての主要な宗教伝統と諸宗教を代表とする、一〇〇か国以上から八〇〇名を超える宗教指導者が参集し、「あらゆる暴力をのり超え、共にすべてのいのちを守るために」を主題として、今日、世界的に繰り広げられている暴力――武力紛争、大量殺戮、テロ、貧困、飢餓、疾病、人身売買、環境破壊その他各種各様の暴力――の現実を確認し、これらの暴力に立ち向かい、解決するための道を語り合い、具体的なヴィジョンを提示し、その具体的実践のための行動を誓い合ったのである。それが、「京都宣言」として結実した「共有される安全保障」、すなわち「共に支え合い、共にすべてのいのちを守る」ための行動基準にほかならない。

## 2　七つの社会的罪を贖う宗教の叡智

世界の諸宗教は、人間にとって叡智の偉大な伝統の一つである。これらの叡智の宝庫は、はるか古代に起源を発しているにもかかわらず、今日ほど必要とされる時代はない。政治活動たると企業活動たるとを問わず、およそ人間の一切の個人的・社会的活動は、価値やその選択と深い関わりを持っている。それゆえ、その価値や選択と不離不可分の関係にある倫理は、すべての社会的指導者を啓発し、彼らの魂を鼓舞するものでなければならない。

その場合、最も深く考慮すべきことは、ガンジーが説いた七つの社会的罪をいかにして贖うか、すなわち、

1　原則に貫かれた政治（Politics with principles）
2　道徳に貫かれた商業（Commerce with morality）
3　労働に貫かれた富（Wealth with work）
4　人格に貫かれた教育（Education with charactor）
5　人間性に貫かれた科学（Science with humanity）
6　良心に貫かれた快楽（Pleasure with concience）

## 7　犠牲に貫かれた信仰（Worship with sacrifice）

この七つの原則を、いかに実現するかということになろう。これらの原則を実現するための個人的・社会的・政治的・企業的倫理に必要不可欠な原理として、先の『世界人間責任宣言』において最低限、合意された基本的原則は、次の二つである。すなわち、

1　いかなる人間であれ、人間の尊厳が尊ばれるよう、人間らしく取り扱われるよう心しよう。

2　他者から自分にしてもらいたいことは、自ら進んで他者にするよう心しよう。

この基本原則は、世界の偉大な諸宗教の叡智の結晶とも言うべきものである。これを仏教的に解釈すれば、前者は、「仏性礼拝」、すなわちいかなる人に対してであれ、たとえ自分に迫害を加える人であっても、その人の心の内に秘められている仏となる可能性ゆえに尊敬し、ただひたすら拝み切る、礼拝の実践ということになろう。そしてまた、後者は、「菩薩行」、すなわち「一切衆生があればこその私」であってみれば、敵も味方も、私の嫌いな人も私を嫌う人でも、生きとし生けるものすべての苦しみに同感し、その苦しみを癒す慈悲の実践ということに

なろう。

今日、私たちの社会を暗雲のように覆っている精神の空洞化とも言うべき諸種の病理学的現象を「慧日諸の闇を破し。能く災の風火を伏して。普く明らかに世間を照らす。」(『法華経』「観世音菩薩普門品第二十五」)ためには、家庭、学校、社会の各々の分野における教育と世論の健全な育成に最大の関心と努力が払われねばならない、ここにあって「慧日」の働きをするのが、「仏性礼拝」と「菩薩行」の二つの原理を基礎とする社会倫理ということになろう。

最良の教育は、人間が本来的に持つ他者に対する理解や寛容の潜在能力を切り開くものである。宗教の叡智や倫理の教えがなければ、私たちの学校は、労働力の大量生産を目的とする単なる工場と化してしまうであろう。

マスメディアは、人びとの心や行動に影響を及ぼす最も強力な手段の一つである。しかし、多くのマスメディアに見られる暴力・堕落・陳腐さは、人間の精神を向上させるどころか、堕落させ、民主主義という名の衆愚政治を増長させていく。

まさにそれゆえに、私たちは単に会議を開き、語り合い、問題の提起をし、報告書をまとめあげることをもって「善し」とするのではなく、「あらゆる暴力をのり超え、共にすべてのいのちを守る」ための具体的な行動計画を作成し、それを実践していく方策を考えていく必要があろう。その場合、行動計画の要素には、少なくとも次の点が考慮されねばならない。

第一に、「あらゆる暴力をのり超え、共にすべてのいのちを守るため」の共通の倫理基準を作成し、小冊子に収め、広く国内外に配布すること。

第二に、この一般的な倫理基準に加えて、諸種の職業・企業・政党・マスメディア、その他の重要な機関を対象とする特定の倫理基準を作成し、これを広く配布すること。

第三に、世界の宗教および倫理や哲学が生み出した叡智を基礎とする教育カリキュラムを開発し、これをあらゆる教育機関に提供すること。

そしてまた、インターネット・テレビ・ビデオ・ラジオなどの教育のための細心の情報技術にアクセスが可能になるような考慮が払われていくことも極めて重要となるであろう。

第三章

# 環境制約の時代を生き抜く智恵

【環境】……………小池俊雄

気候変動、災害、水・食料・資源・エネルギーの枯渇、生態系の破壊と生物多様性の喪失という地球規模の深刻な諸問題が、世界の社会・経済全体を震撼させている。これらの世界共通の諸問題は、

・地球温暖化やオゾン層の破壊など、現象そのものが地球規模であるもの
・森林破壊や生物多様性の破壊など、類似の現象が様々なところで発生することによって地球規模の問題となっているもの
・大規模災害などのように現象は局所的であるが、その規模と影響が大きく、一国、一地域だけでは対応しきれないもの

の三つに類型化することができる。これらすべてに対して、国際協力によって地球規模の観測ネットワークを築き、データや情報の相互利用性を高め、現象を包括的に理解し、精度良く予測する能力を高め、緩和、適応、修復、救済等、適宜に対処できる体制作りが必要である。さらに、大気、海洋、固体地球からなる「物理圏」と多様な種からなる「生物圏」と並んで、地球システムの構成員として無視し得ない存在となった「人間圏」を自らどのようにマネジメントしていくか、その方向性を国際協調の中で見出し、共有し、ともに実行に移していくことが求められている。地球規模の環境問題に対するこれまでの取り組みを俯瞰し、問題の背景となる根源的理由を考察し、あるべき姿を模索したい。

## 一　環境問題への取り組みを俯瞰する

「ところが、あるときどういう呪《のろ》いをうけたのか、暗い影があたりにしのびよった。いままで見たこともきいたこともないことが起りだした。……（中略）……おそろしい妖怪《ようかい》が、頭上を通りすぎていったのに、気づいた人は、ほとんどだれもいない。……（中略）……だが、これらの禍いがいつ現実となって、私たちにおそいかかるか――思い知らされる日がくるだろう。」

レイチェル・カーソンが、その著『沈黙の春』にて、複合的な化学物質汚染の危機に警告を発してから半世紀が経った。ジクロロ・ジフェニール・トリクロロエタン（ＤＤＴ）は十九世紀末に合成され、二十世紀半ばには優れた殺虫効果を持っていることが発見された。哺乳類に対する毒性は低いと考えられ、また大量生産による低価格化から農薬、伝染病退治に盛んに使われた。しかし、食物連鎖を経て生体内取り込まれ、そこでの濃縮作用により人類への影響も極めて大きいというカーソンらによる告発を受けて調査が進み、使用が規制されるに至った。開発されてから実に百年を要している。安定な物理特性を示し、多様な用途に用いられたポリ塩化ビフェニール（ＰＣＢ）もほぼ同様の経緯を有する。

システムダイナミクス手法をもとに、加速度的な工業化、天然資源の枯渇、環境の悪化、急速な人口増加、広範に広がる栄養不足の相互に関連した傾向を分析し、人口増加や環境汚染などの現在の傾向が続けば、百年以内に人口と産業の成長は限界に達すると警鐘を鳴らしたローマクラブの『成長の限界』は、『沈黙の春』の十年後の一九七二年に発表されている。

「人は幾何学級数的に増加するが、食料は算術級数的にしか増加しない。」とする報告の背景は、十八世紀に始まる人口の急増にある。一六五〇年に約五億人であった世界人口はその後わずか一五〇年で倍の十億人、さらに一五〇年後の一九五〇年には五倍の二十五億人になっていた。なおその倍の五〇億人を超えたのは一九八七年であり、四〇年を要していない。『成長の限界』は警告に加え、解決指針も示しており、すべての人の基本的な物質的必要性と平等な機会の付与を満し、持続可能な生態学的ならびに経済的な均衡状態を導くことは設計可能であるとしており、その行動を開始するのが早ければ早いほど成功する機会は大きいと提言している。

さらに一九八〇年には、米国のカーター大統領の指示によって『西暦２０００年の地球』がまとめられた。これは米国政府内部の諸機関のデータを総動員して、二十世紀末の世界全体にわたる人口・資源・環境についての諸傾向を予測したもので、地球の近未来に警鐘をならした。人口は増加を続け、一九七五年から二五年で五五パーセント増の六三・五億人と推計され、先進国で大量生産・大量消費・大量廃棄のライフスタイルの定着と南北経済格差の中で、土壌劣化が進み、地域の生態系への負荷が増加し、水資源環境も悪化し、食糧問題との関連も指摘された。大気中の二酸化炭素の増加による温室効果によって、著しい温暖化が進むシナリオも想定されている。

このあまりに悲観的とも言える近未来予測に対して、『西暦二〇〇〇年の地球』の発行と同年に国際自然保護連合（ＩＵＣＮ）や国連環境計画（ＵＮＥＰ）などによってまとめられた『世界環境保全戦略』にて、「持続可能な開発」の理念が初めて打ち出された。「環境」と「開発」は共存し得るものとしてとらえるこの理念は、一九九二年にリオデジャネイロで開催された国連地球サミットの中心的な考え方として、「環境と開発に関するリオ宣言」や「アジェンダ二十一」に盛り込まれ、国際的に広く認識されるに至った。「将来の世代のニーズを満たす能力を損なうことなく、今日の世代のニーズを満たすような節度ある開発が可能であり重要である」という考え方は、大きな南北格差の中での合意の形成に重要な役割を果たしているのは事実であるが、そのような開発が可能でない状況もあり得るとして、この理念が濫用されることを警戒する考え方もある。

一九八八年には世界気象機関（ＷＭＯ）と国連環境計画（ＵＮＥＰ）が共同で気候変動に関する政府間パネル（ＩＰＣＣ）を設置し、科学的知見の評価、環境及び社会経済への影響評価、対応戦略の検討を開始し、二〇〇七年の第四次評価報告において、気候システムに温暖化が起こっていることは間違いないとするとともに、「人為起源の温室効果ガスの増加が温暖化の原因」とほぼ断定した。さらに、海面上昇について、海水温度の上昇による海洋の熱膨張、大陸氷河や氷帽の融解、グリーンランドと南極の氷床の融解をそれぞれ推定し、その推定の合計値は平均海面上昇の観測値と比較して、誤差はわずか一割であることを示した。また同報告では、温暖化の進捗とともに世界的に大雨の頻度が増加しており、多くの地域で干魃《かんばつ》の影響を受ける地域が拡大し、台風やハリケーンなどの強い熱帯低気圧の活動度が増加しているという観測事実を指摘した。さらに温暖化とともに、今後、大雨の頻度の増加がかなり確からしく、また干魃の地域の拡大し、熱帯低気圧の強度が増加することが確からしいと報告した。この第四次評価報告と並行して、経済学者ニコラス・スターンによって発表された『気候変動の経済学』(通称スターン報告)では、気候変動を無視すれば、経済発展が著しく阻害されるリスクがあり、それは二度の世界大戦や二十世紀の世界経済恐慌に匹敵するとし、さらに二～三度の温暖化の場合、毎年、各国のGDPの世界総和である全世界生産額の〇～三パーセントに相当する損失が発生すると警告した。このように、温暖化の原因と極端事象を含めた地球全体での変動傾向について世界で共有できる科学的知見の取りまとめ、さらにはその経済への影響を数値で示したことが、国際的枠組みとしてあるいは各国としての、温暖化への政策的取組を前進させていることは間違いない。

人間の活動が地球の許容限界に突き当たることに気づき始めて半世紀、確かに科学技術による知の集積は進み、それに基づく国際的な意思決定のための枠組みづくりの努力は始まった。しかし、二〇〇九年のコペンハーゲンでの第十五回気候変動枠組み条約締約国会議（CPO15）での合意形成失敗が示すように、歴史的、文化的、宗教的に、社会には大きな隔たりがあり、ますます拡大する南北経済格差の中で、この有限な地球を共に生き抜く智恵を人類は未だ共有できてはいない。

## 二　環境問題の本質とは

人口の急増と経済の急成長が環境問題の根幹的な原因であることは論を俟たない。一方、わが国では、世界に先んじて人口増加が終焉し、いまや長期的で急激な人口減少を迎えようとしている。また世界人口は現在も引き続き増加しているものの、二十一世紀末には概ね収束に向かうと推計されている。わが国はバブル崩壊後の長期的な経済の低成長が続き、世界経済はリーマンショックで一気に冷え込んだ。それでは、人口減少と経済縮小で環境問題は自然消滅するのであろうか。人口増加と経済活動の背後にある環境問題の本質を考えてみたい。

## 1　人口増加

### 人口が少ない時は環境問題がなかったのか

ヒトの祖先は地球生物圏の一構成要素であったが、凡そ四万年前に誕生した現世人類は、最後の氷河期が終わりを告げる約一万年前ころから農耕・牧畜などを営みはじめ、人間の社会的、経済的活動の高まりとともに地球環境に大きな影響を与える存在となった。

紀元前二六〇〇年ころシュメールの都市国家を治めていた実在の王ギルガメッシュを神格化した叙事詩には、王の野望による森林破壊が英雄物語として記されている。都市の遠方には鬱蒼としたレバノンスギの森が広がっていたが、神エンリルから森の守護役として遣わされた怪獣フンババがいるために人々は手が出せないでいた。そこでギルガメッシュ王は友人エンキドゥとともにフンババ倒し、レバノン杉を伐り出して、ユーフラティス川の流れを使って都市まで運び、建設資材にしたのである。この叙事詩は、恐怖や友情、死への怖れなど、人間の心の動きをテーマとしたものであるが、王の凱旋は市民によって称えられ、一方、友人エンキドゥは神エンリルの怒りを買ってまもなく病死の運命となる。この叙事詩が森林破壊に対する警告を含んでいたかどうかは明確ではないが、王の行為が偉業として市民に賞賛されていることは、高い木材需要が背景にあったということは間違いないであろう。実際にレバノンスギの略奪的な伐採は紀元前三〇〇〇年代後半より始まり、チグリス川、ユーフラティス川の流れは木流しで埋めつくされたといわれる。そして同時に伐採地では斜面崩壊、土壌浸食によって土砂の流出や岩塩の溶出が進み、灌漑用水の塩分濃度が増加して小麦の収量が激減し、シュメール文明は崩壊した。

中東から地中海、北アフリカにかけて発祥した古代文明、アッシリア、エジプト、クノッソス、ミュケーネ、古代ギリシア、古代ローマは、シュメール文明と同じ歴史を辿っている。都市建設に必要な材木に加え、青銅器、鉄器、陶器、ガラスなどの生産に必要な薪炭材の需要も増加し、その都度森林が破壊され、材木資源が枯渇し、土壌の浸食と塩類集積が進み、文明が滅んだ。文明が衰退すると森林の一部は再生するが、回復は限られている。怪獣が住むような鬱蒼とした当時の森林風景と、中東から地中海沿岸の現在の荒涼たる風景とのギャップに思いを馳せるとき、古代といえども人間活動の影響が自然の回復力よりいかに大きかったかが想像される。環境問題は人間の社会的営みと共に始まっていたのである。

## 人口が多いと環境問題は解決できないのか

わが国では、江戸期に都市と農村とが共同して類まれな循環型社会を形成し、ほぼ完全に窒素をリサイクルした上で、日本列島で養いうると推定される限界（約三千万人）まで人口を増やすことができた。それを可能にした環境倫理意識を探ってみたい。

北山は、東洋文化で優勢な「自己とは他の人や回りのものごとと結びついて高次の社会的ユニットの構成要素となる本質的に関係志向的実体」とする『相互協調的自己観』と対比して、欧米文化で優勢な「自己とは他の人や回りのものごととは区別され、切り離された実体である」という『相互独立的自己観』を取り上げて、両者の違いを明確にしている。その上でこれらの思想がそれぞれの日常の習慣や社会構造に反映され、同時にそれぞれの文化パターンが、それぞれの思想を暗黙の内に維持するという文化心理学的な見方を展開している。

このような自己観が形成された背景として、北山は江戸期に「義理」や「厳格さ」に代表される儒教的思想と、「人情」や「思いやり」に代表される仏教的思想とが共存する社会の中で、『相互協調的自己観』が形成されたとしている。一方、大井は社会制度に着目し、江戸期の大火による材木需要の急増から、森林荒廃、森林資源の減少、土壌浸食を防ぐために制定された諸国山川掟（一六六六年）から、社会的地位と居住地を世襲させるイエの制度、農業慣行の継承や集約的労働可能とするムラ社会の形成によって、個人的欲望をコントロールする倫理意識が醸成され、質素・倹約の励行と安定的な平等意識が生まれたとしている。鎖国下にあって、わが国が生き延びるために生存戦略であると、大井は主張する。これらの社会・文化的共通体験によって、狭い空間と乏しい資源という閉鎖的な環境で必要となる「勿体無い」、「倹約」、「質素」

という言葉で象徴される倫理意識が醸成されたと考えることができる。空間的にも社会的にも閉鎖した狭い空間で、環境問題を招くことなく、多くの人口を養う智恵を日本人は持っていたと言えよう。

明治政府は国策として西洋文明の積極的導入をはかり、また大正期にもデモクラシーの展開が見られたが、江戸期につくられた倫理意識は基本的には転換されないまま太平洋戦争を迎えた。その背景には戦前の教育制度と法制度に共通する儒教的な思想があり、それは江戸期に形成された倫理意識を維持し、太平洋戦争下においてその意識はさらに強化されたと見ることができる。

終戦後、これらの社会制度が廃止されると同時に、米国流民主主義が導入され、戦後復興期の大量の援助物資の消費と、さらに続いた高度経済成長によって、大量生産、大量消費と廃棄という開放系で成立しうる生活様式が、奨励、称賛されるようになった。閉鎖的な環境下で成立しうる倫理意識（閉鎖系型倫理意識）は忘れ去られ、つましい生活様式は「うさぎ小屋」として冷笑されるようになったのである。つまり、江戸期以来の閉鎖系型倫理意識は、戦後の民主主義とともに導入された欧米の開放系型倫理意識に取って代わられ、しかもこのパラダイムシフトは一方向的に短期間で進んだとみることができる。

### 人口増加が止まると、あるいは人口が減少すると、環境問題は解決するのか

国立社会保障・人口問題研究所によれば、二〇〇五年一億二七七七万人であった我が国の人口は、一貫して減少を続け、中位の推計によれば二〇四八年に一億人を割り、二〇五五年には九千万人を下回る。高位の推計でも一億人を割るのは二〇五三年とされている。

人口増加期においては需要超化・供給不足が常態化し、その解消という明解な目的が設定され、それを達成するための代替案がそれぞれの時代の技術力に応じて用意された。そこでは、人々は目的達成による便益を容易に認識でき、経済コストという単純な判断基準を使って代替案の中から一つを選ぶことができ、合意は比較的容易に形成されてきた。しかし、人口減少期には必然的に需要が低下し、目的の設定そのものが困難であるばかりでなく、縮小・撤退が必要な場合には選択にいたみを伴う場合もある。

つまり、人口増加圧力が環境問題の根幹的な原因とはいうものの、人口減少下で環境問題が自然消滅するわけではないのである。これまでの空間的・量的拡大から質の向上に軸足を移し、縮小・撤退をも考慮する戦略的な選択に関わる合意を形成することのできる新しい社会のしくみ、つまり社会の設計と経営に関する新たな思想の確立が必要である。

## 2　経済活動

## 新たな行動原理の必要性

西欧では、十六世紀の帆船と大砲による世界海洋覇権の争いを経て、非西欧社会を植民地化し、それを拡大することによって富を集積し、資本主義を開花させていった。その結果、西欧世界の物質的・政治的優位が確立され、二十世紀初めには卓越文明である西欧型近代文明となった。この近代化のスタートは、十四世紀イタリアに始まったルネッサンスと言われ、古代ギリシアや古代ローマの文化を理想とし、宗教改革や地理上の発見、近代科学の誕生を通して、暗黒時代ともいわれた中世からの決定的な離脱を遂げた。確かに、人間味豊かな表現が文学や絵画に取り込まれ、キリスト教的宇宙観を離れた天文学が飛躍的に進歩し、印刷術、羅針盤、大砲などの技術的発明も成し遂げられた。しかしその一方で、十四世紀から十八世紀にわたる近世欧州は政治的混乱の歴史でもある。分裂都市国家イタリアは衰退し、君主の絶対化が進むイギリスとフランスでは失政による革命が勃発し、宗教革命にはじまる内乱、三十年戦争によりドイツは実質上分立国家となった。「太陽の没することなき帝国」といわれたスペインも君主の失政、敗戦により没落していく。

それではルネッサンスを挟んで、文化・科学技術の停滞したいわゆる「暗黒時代」とも称される中世末期と、ルネッサンス後の近世との間では何が異なっているのであろうか。まず、ルネッサンスが目指した古代ギリシア、古代ローマにおける文化的発展の背景を見てみよう。文化史家、思想史家、そして倫理学者である和辻は、その著『風土——人間学的考察』の中で、耐え難いほど湿潤なアジア、過酷な半乾燥帯の中東と比較して、夏の乾燥と冬の湿潤な気候と地質、地形条件で特徴付けられる地中海沿岸を「牧場」的風土としている。そしてその従順な風土のもとで、労働から一定の隔たりをおいて観ることを競うことによって知的創造が営まれ、人工的な技術を発達させ、生の必要や生の喜びを目指さない学問が展開されたとしている。

中世末期の欧州では、都市や農地など基本的な社会資本が整備されていた。そこに、東西交易を通してもたらされたペスト禍によって人口の四分の一が失われた。勿論、欧州は壊滅的な打撃を受けたが、農業労働力不足を補うために、当時制度的には移動が禁じられていた小作人を良い条件で獲得した領主は、農業生産性を維持することができ、同じ社会資本ストックを四分の三の人口で利用できた。そこに余剰が生まれ、疲弊した社会の復興、特に文芸や科学の復興を導く原動力なったと考えることができる。すなわちルネッサンスとは、人口減少下で社会資本を維持、利用することによって生み出された社会的余剰により、具体的にはその余剰を利用できる豪商や諸侯、領主がパトロンとして文化人や自然科学者を庇護し、彼らを労働から解放して思索や創作の機会を与えた時代であったと言えよう。その結果、古代ギリシア、古代ローマに発達した人間中心主義、合理主義、現実主義に立ち返って、人間の持てる力を最大限発揮して、さらに世界を広げることを目指すことができた。

この歴史的文化大革命は、人間は自然を征服することだって不可能ではないかもしれない考え方をも生み出し、「人生は原罪をつぐなってあの世で救われるための準備期間である」というローマ＝カトリックの精神支配のもとで制御されてきた人間の権力欲、性欲、金銭欲、栄誉欲が一斉に吹き出し、もはや宗教的戒律や道徳的訓戒ではこれらの欲望を制御できないという懸念は現実のものとなった。確かに強制と抑圧に訴えることによって統制し、その最終的な力の行使は国家に委ねるという考え方ができるが、国家の統治者、つまり君主そのものがその任務を果たせない程に過度に寛容か残虐であると、意味をもたなくなってしまう。とりわけ無秩序な君主の欲求から生じる国家的混乱に対して、持続性のある安定した社会を形成するために、解き放された人間の欲望をコントロールする新たな行動原理が必要とされた。

**経済活動と政治**

アルバート・ハーシュマンはその著『情念の政治経済学（*The Passions and the Interests*）』において、これら人間の欲求を情念（passion）として捉え、比較的無害な情念を用いて他のもっと危険で破壊的な情念を相殺しようという方法のみが、近世において有効であった道徳的訓戒や宗教的戒律に代わって情念を制御できる唯一の手段であったと結論付けている。そこで、危険で破壊的な情念を調教するために登場したのが、古代ローマ以来堕落した人間の三大罪の一つであるとされてきた金銭欲であり、これを使ってより危険で破壊的な情念を調教することとなった。

「君主は国民に命令し、利益は君主に命令する……（中略）……君主は間違えるかもしれないし、彼の側近も買収されているかもしれない。しかし、利益だけは裏切ることはない。」とするイギリスの政治家ローアン公爵の言葉は、その効用を明快に表現している。当時のフランスはルイ十四世の絶対主義が確立していた時代であるが、華やかな文化の蔭で経済的負担は大きく、生活の浮沈に関わる重要事項は経済的利益が主であったため、このパラダイムシフトは容易に受け入れられた。

利益（interest）という言葉は、本来、物質的・経済的利益の追求の狭義に使われていたが、思想の進化とともに変化し、個人の物質的幸福だけでなく、人間全体の願望や利潤追求のための熟考や打算の要素を含み、またその複数形は集団の経済的利益の追求をさすようになった。このようにして政治と経済との密接な関係が生じ、資本主義の基礎が築かれたのである。つまり、宗教的、道徳的統制から離れた統治者をコントロールするためのよりましな情念として取り入れられた利益の追求は、政治的にも社会的にも市民権を得て、その後三世紀以上にわたって西欧型近代文明の行動原理を牽引することとなったのである。

## 三　環境制約下の生存戦略

西欧型近代文明の成長が地球の許容限界に突き当たることに気付き始めて半世紀、開発と保全、成長と安定、グローバリズムと地域主義など、相対する価値観が錯綜する中で、和やかさと調和を保って、地球という閉鎖環境を生き延びるための新たな行動原理を生み出す変革が求められている。

人口増加が環境問題の主要因であることは間違いないが、社会の仕組みによってはその中で生き抜く戦略を持ちうる。一方、人口減少に対応できる社会の新たなしくみづくりも急務となっている。個人による自分自身の利益、つまり「経済的利己心」の追求が、その意図せざる結果として社会公共の利益をはるかに有効に増進させるという「見えざる手」の重要性を説いたアダム・スミスは、同時に公平な観察者から「共感」が得られるよう人々は行動し、他者の行動の適宜性を判断することにより、社会がある種の秩序としてまとまるという「見えざる手」の存在をも述べている。地球は有限な閉鎖環境であるという認識の下で、経済活動における「共感」と「経済的利己心」をどのようにバランスさせるか、新たな問いに対する答えが求められている。

## 1　知ることからはじめよう

「あなたは、「すべての生命は根本的には一つである」というような言葉を聞いた場合、すぐに「これはどういう意味か」と尋ねるまえに、心を開いてこの言葉を味わってみなければならない。より正確であるということが、かならずしも人びとをより高め、鼓舞することだとはかぎらない。」

ディープエコロジーの提唱者であるアルネ・ネスのこの言葉は、この世に存在するものは、すべて一つの生命体の構成要素であり、「仏性」という固有の価値を共有し、相依相関の依存関係の中で縁起の理法に則って生きているという仏教思想に通じる。オゾン層破壊の事例をとって、この縁起の理法を味わってみたい。

これまでに発見された最古の堆積岩の年代測定によれば、今から三十八〜三十九億年前、つまり四十六億年の地球史の中でかなり早い段階にすでに海が存在しており、「水惑星地球」の基本的環境が形成されていた。生物は形成後まもない海洋中で誕生し、約三十五億年の長い時間をかけて進化の道を歩むとともに、地球環境に劇的な変化をもたらした。海洋中の植物プランクトンが光合成作用によって大気中へ酸素を多量に放出し始めたのである。その量は陸面での鉄の酸化による酸素の消費を上回り、大気中の酸素濃度は徐々に増加し、太陽からの紫外線と反応して大気中のオゾン濃度を上昇させた。

四～五億年前には大気中のオゾン濃度は現在の五十～六十パーセント程度にまで増加したと考えられており、この段階になって初めて生物は海洋から抜け出し、陸でも生存できるようになった。生物の遺伝情報をつかさどる核酸（ＤＮＡ）は紫外線をよく吸収し、その吸収熱によってタンパク質が変質して遺伝子情報を失うために、生物は強い紫外線環境の下では生存できない。大気中の酸素と太陽光の光化学反応によってつくられるオゾンは、核酸と同じ波長域の紫外線をよく吸収するため、オゾンが大気上層の成層圏で安定して存在すると、地表面での紫外線量が減少し、生物は安心して水の外に出ることができるようになったのである。このようにして、海中だけではなく、陸域や大気中でも生存できるようになった生物はそれぞれと相互関係を保ちながら進化し、五千種ともいわれる現在の生態システムを築いてきた。

つまり、地球誕生後間もなくできた海洋中で、三十五億年も長い年月をかけて海洋生物が炭酸同化作用によって酸素を放出し続けた結果としてオゾン層が形成され、地球生物は陸域や大気中で生活できるようになったのである。この視点に立つと、「オゾン層をフロンの放出によってわずか数十年で人類が壊してよいはずがない。」という素直な対応が期待できはしまいか。

一般に人の心理プロセスは、知識から関心へ、関心から動機へ、動機から行動意図へと段階的に進んでいくことが示されている。また、行動によるフィードバック効果によって、知識習得意欲や関心、動機が励起され、行動が加速される。知識から行動意図への心理プロセスの展開には、「責任帰属の認知」、「環境リスクの認知」、「対処有効性の認知」、「実行可能性の評価」、「費用便益の評価」、「社会的規範の評価」等、様々な認知・評価過程が深く関わっていることが指摘されている。このような社会心理分析的なアプローチと、「すべての生命は根本的には一つである」というディープエコロジーの全体的なアプローチは決して矛盾しない。個人として受け入れ易いアプローチが選択されることが必要である。

## 2　変容の社会化

科学技術により地球環境の現状と原因、将来の予測について世界で共有できる知の集積が始まり、それは国内の、また国際社会の意思決定に影響を及ぼしつつある。ただし、同程度の知識を有していても、心理プロセスの違いによって、知識と行動には大きな乖離がある場合が見られる。環境問題の知識の豊富な人が必ずしも環境にやさしい行動ができるとは限らない所以である。このような心理プロセスは基本的に個人単位で働いているが、地域として、国家として、社会的な共体験からにまとまった特徴となって発現する（これを群化と呼ぶ）ことが期待される。

一方、環境制約下の地球を生き抜くためには、多様な価値観を有する地域間、国家間で、地球は有限な閉鎖環境であるという認識を共有し、協調行動のための合意を形成することが不可欠である。その推進の鍵は、多様な価値観とそれぞれが置かれている多様な状況を受容しつつ、あるいは多様性そのものに敬意をはらいつつ、全体として進むべき方向性を明確にしてより多くの賛同を得て運動化していく智恵が必要である。

## 個の変容から社会的群化

閉鎖系としての環境下で生き抜く智恵、その一歩は、他とのつながりの中で自己を認識できるようになることである。これはまた、教育の最大の目標でもある。わが国の教育指針にも大きな影響を与えているジャン・ピアジェの発達心理学によれば、成長と共に、感覚と運動を通じて自己と外界との区別する「感覚・運動期」の段階から、周囲の環境と自分の体との物理的区別はできているが、外界の対象物は自分の思い通りになるはずだと思っている「前操作期」の段階を経て、社会における役割において自己を認識するという「具体的操作期」の段階を経て、他の人の視点に立って自己を見ることができる「形式的操作期」に至って、理性が獲得され、人格が完成されるとしている。教育は、その各段階を経験させ、次の段階へ進める役割を担っている。

これに対し、思想家ケン・ウィルバーは、「形式的操作期」では、世界と主体とが分離して存在するというのが前提であり、この段階では部分部分を合理的に見る硬直的傾向に陥る可能性があると指摘している。そこで、理性に統一性を付け加え、総合しながら全体を合理的に見渡すことができ、所与の反映に見える表層の下に開示可能な深度が潜んでいることを見抜くことができる段階を「形式的操作期」の次に設定し、これを「ヴィジョン・ロジック」の段階呼んでいる。ここでは、主体としての自分は、世界とは差異化されてはいても、本来は一つのものであって分離してはいないと見ることが可能としている。アルネ・ネスの言葉は、この段階での捉え方と考えることができる。

発達心理学では、それぞれの段階を確実に経験して、その上で次の段階に進むことが必要としており、「形式的操作期」にある個人に、「ヴィジョン・ロジック」の段階で感じることのできる原理を押し付けることは必ずしも効果的ではない。むしろ、分析的・合理的な説明による包括的な理解と感動の積み重ねが必要であろう。

「理解と感動の積み重ね」、これを如実に表した言葉が仏教の唯識にみられる。唯識では、人間の五感と意識の六つの識から獲得された外部条件を、自己に対する執着を通してはじめて認識される末那識（マナ識、サンスクリット語で人間を表す語に由来する）が、その経験を積み重ねてさらに心の奥深いところにある阿頼耶識（アーラヤ識、サンスクリット語の蔵に由来する）の中に蓄積され、阿頼耶識を変質させていくと説いている。この深層心理を変質させていくプロセスは「薫習《くんじゅう》」と呼ばれている。その結果、この阿頼耶識が心の奥深いところで未那識に影響を与え、自己への執着を調節しながら行動に結びつくとしている。ユングの深層心理学と通ずるこの考え方は、仏教では古くから確立されていた。

教育と、理解と感動の積み重ねによって個は変容しうる。次はこれを社会的に群化させていく道筋を考えなければならない。環境に対する心理空間のイメージには多くの人々に共通の事項が見出されることが多く、ケビン・リンチはこれをパブリックイメージと呼び、都市空間の認知特性の特徴づけに用いている。小池らは環境に対する個人の評価構造の地域共通性について解析している。人が環境を「好ましい」とか「好ましくない」といった『評価』を与える際には、物理的要因に規定された客観的・具体的な『外的環境』が下位にあり、それらをもとに様々なコンストラクトの『判断』が中位の階層でなされ、さらに様々に『判断』されたコンストラクトを根拠として、上位の主観的・抽象的な『評価』へつながるという三階層のモデルを構築し、それを用いて地域内共通の評価構造見出し、その結果を地域住民にフィードバックすることによって、地域内の連帯感の認識を喚起するとともに、地域全体の合意形成の拠りどころとしている。

一般に、社会システムが複雑化、巨大化し、中央集権化が進むと、市民の当事者意識が失われ、帰属意識や連帯感が低下する。その結果、市民は社会サービスの単なる受け手になり、また過剰な被害者意識が形成され易い。地域で暗黙のうちに形成されている共通のイメージを発掘し、これを住民間で顕在的に共有することは、疎遠化に進みがちな地域コミュニティを活性化させる一つの途である。

## 多様性への敬意と合意の形成

一九九八年十一月、筆者はマイナス四十度のシベリア極東のヤクーツク郊外の三十メートルの気象観測タワーの最頂部から、四方に広がるアカマツ林の雪景色を眺めていた。自然林であるにも関わらず、樹高、樹形は完全と思えるほど揃っていて、いかなる別種をも見出せず、視程の限りひたすらに単調な世界に見入っていた。その二ヵ月後には、黒いネグロ川と白く濁ったソリモンエス川が合流してアマゾン河となるその合流点、マナウスを訪れた。郊外の四十メートルの気象観測タワーの最頂部の気温はプラス四十度、湿度は百パーセントであった。この気候下の熱帯雨林では、木々の樹高、樹形は一本一本大きく異なっている。筆者の植生分類能力の低さも手伝って、タワー最頂部から周囲を埋め尽くす樹木をじっくり観察するが、同種のものを一つとして判定できず、あまりにも多様な風景にただただ驚愕するばかりであった。タワーを降りて林床を歩くと、そこは意外と涼しく、幾層かからなる樹冠で天空を覆い、がっしりとした板根を四方に張り巡らして、居丈高にそびえ立つ大木に出会う。その周りには、ようやく背丈ほどにのびた幾種もの植物が、大木の樹冠からの木漏れる陽光をなんとか頂いてヒョロリと立っている。

ヤクーツクのタイガとマナウスの熱帯雨林という、地球スケールの多様性を生む可能性と必要性は地球物理圏と生物圏の相互作用から生まれる。地球表層で生じる現象のエネルギー源はすべてが太陽エネルギーであるといって良い。緯度が高くなるつれ地表で受けるエネルギーは減少し、また海洋、大気を通して低緯度から高緯度に運ばれるエネルギーにも限りがあるため、基本的には高緯度帯では物理的、生物的に利用可能なエネルギーは低い。したがって、光合成による有機物の生産量は低くなるが、低温であるため微生物による有機物の分解速度も低く、したがって有機物の土壌への蓄積は見られる。また、気象擾乱も相対的に弱くなるため、豪雨による土壌流失機会も少なく、結果として土壌の発達も見られる。また、ヤクーツクは盆地であるため特に風が弱く、突風などによる倒木被害を受けることはまれで、単調な構造でも持続的な生態系の維持が可能である。なお、天敵となる害虫や微生物の種類が少なく活動力も小さいため、単調であっても森林全体が壊滅的被害を受けることは相対的に少ない。むしろ、生存の厳しい環境下で生息できる限られた生物が互いに共存できる生態系が作られていると解釈できよう。最大の天敵は、乾燥化と人為による森林火災であり、大火災が発生するとアラスという草地と数多くの水面からなる景観に変貌する。

熱帯雨林はこの全く逆である。光合成による有機物の生産量は非常に大きいものの、微生物による有機物の分解速度も大きく、また豪雨による土壌流失機会も多いので、土壌の発達速度は意外と小さい。また、大きな気象擾乱に襲われると大木が倒壊する。するとヒョロリとした幾種もの数多くの予備軍が、充分な太陽エネルギーを得て一斉に成長を始め、その競争に勝ち抜いたものが次代の大木となる。また天敵の種類が多いために、壊滅的被害を避けるためには多様な種による森林構成が不可欠である。ただし、乾燥化と人為による森林火災については、タイガと同様に最大の天敵であることは間違いない。

丸い地球では地表面が受け取る太陽エネルギーの絶対値には系統的な大きな違いがあり、海陸分布が気候システムに複雑なコントラストを作り出している。その中で生物は、相互に調和を保ちながら、持続的に生存できる戦略として生態系システムを作り出し、多様性はこれを維持する基本原理となっている。人類も生物圏の一員として、地球物理圏と生物圏の相互作用で作り出される環境下で、それぞれ独自の生活様式を生み出し、それが維持される中で多様な文化が育まれていった。

歴史を紐解けば、大帝国や宗教的衝突、植民地支配など、自らの価値観や文化を押し付け、多様性を排除した時代があった。また、情報の共有と移動の自由を得た現代では、そもそも危険で破壊的な情念をコントロールして安定した統治を確立するために導入された金銭欲に基づく経済的価値観を中心に据えて、グローバリズムへ向かおうとしている。しかし、各地域の多様性が生まれた背景や必然性に敬意を払い、それぞれの価値観に基づき、それぞれのプロセスを踏まえつつ、最終的には人間同士が、そして人間と自然とが和やかで調和のとれた環境を形成していく努力が必要ではなかろうか。「開三顕一」、多様性を受容しつつ、最終的に一つの道へ向かうという仏教の教えは、環境問題においても基本原理となろう。

## 3 新たな社会づくりへ向けて

精神医学分野では、困難で脅威的な状況にも関わらず、うまく適応する過程・能力・結果のことをレジリエンス（resilience）という。総合失調症の重篤な障害をもつ患者の中にも、社会に適応できる場合が認められ、家族や仕事環境などの要因との関係が一九七〇年代より調べられてきた。近年では、変化する状況や予期せぬ出来事に対して十分な適応性を示し、利用可能な問題解決策のオプションを選択できるという拡張した意味で、レジリエンスの概念の整理が行われている。この概念が、自然災害に対する社会の回復力や弾力性という意味にも使われるようになり、近年の気候変動への認識により注目されるようになっている。

気候（climate）は、傾斜あるいは勾配という意味を持つギリシア語 klima が語源であるといわれている。われわれが住むこの大地が球であるという概念が受け入れられるずっと前から、赤道から離れるにしたがって気温と湿度が相関をもって変化し、そこにある種の安定性があることに古代ギリシア人は気付いていた。そして現代人は、人間活動によってその安定性が変化しつつあることに気付き始めている。climate change に対するわが国の公式訳語が気候「変動」であるために混乱を招き易いが、前述のように気候システムは元来変動性を有しており、その極端な場合に洪水や渇水が生じる。気候「変動」とは、その変動性（variability）が変化する（change）ことで、気候「変化」と訳したほうが適切であろう。

自然災害は、地球システムの変動性が社会に対する災害外力として働くことによって生じ、これに対して社会がどの程度脆弱であるかによって、被害の大きさが左右される。洪水や渇水は気候システムの変動性の中で、それぞれ時間的、空間的な降雨の集中と、長期にわたる少雨によって発生する。蓄積された観測データを用いてこれらの災害外力を確率的に評価して、災害対策に導入する手法が確立されている。過去のデータに基づいて想定された災害外力を超える、つまり想定外の極端事象が発生する「可能性がかなり高い」あるいは「可能性が高い」。また現時点ではその評価に依然として大きな不確実性が含まれている。このような状況下で、安心・安全を確保するためにどのような政策が取れるのであろうか。後悔しない、あるいは後悔があったとしてもそれを低いレベルに留めることのできる政策を選び、実施のための合意を形成しなくてはいけない。

精神医学分野におけるレジリアンスの尺度に研究は多方面にわたっており、子供を対象とした研究では、ストレスの感知力、現実統制力、問題解決能力、対象法略などが挙げられており、また大人をも含めた層を対象としたものとして、幅広い範囲のパーソナリティ、認知力、対人関係の特徴や機能などが尺度として適しているとしている。なお当初は区別して考えられていた不屈性（invulnerable）も、生活状況を変化させるために困難な出来事から脱する強さと考えられ、発達的側面を有するレジリエンスの概念に含まれるという認識が確立されている。

精神医学のアナロジーに従えば、

・確かな情報の共有
・情報に基づくガバナンスの確立
・対応策のオプションと戦略的対応
・ネットワーキング

などが、レジリエンスを有する社会づくりに必要な要素と考えることができる。

地球環境を構成する要素は多様で、複雑に相互に関連しているにも関わらず、現代の科学技術は、専門化、細分化する方向で発達してきており、異なる分野間でのデータや情報の共有は困難であるのが実情である。データや情報の相互運用性を高めることにより、分野を超えて共有できる知の創造がまず必要である。また確かな検証を経て、精度が明確となったデータや情報は、世界で共有され易く、その結果、多くの賛同を得て人類の健全な意思決定を促すことが可能である。例えば、気候変動ための政府間パネル（IPCC）第四次評価報告書で示された観測データと複数の気候モデルシミュレーションによって、地球温暖化の原因論には終止符を打たれ、緩和策や適応策の議論を活性化させた。観測データの品質管理の高度化やデータ統合による確かな検証は科学者に任された地味な仕事であるが、これがあって始めて世界で共有できる知の創造が可能となる。

自然科学のデータや情報は、それが社会、経済に与える影響に翻訳されることで、より身近な情報として受け入れられ、市民レベルの行動につながる。一方、市民レベルの観測や情報提供が公共的利益に貢献していることが示されると、市民レベルの運動が一層活性化される。生物多様性の調査などではすでに試行されており、近年頻発するゲリラ豪雨や竜巻など通常の観測網では捕らえきれない局所現象のモニタリングにも導入され始めている。

地球の直径は約一万三千キロメートルであるので、一千万分の一の地球儀を作成すると、ちょうど大人の両手で抱えるには少し余りあるサイズとなる。竹村真一はこのサイズの地球儀上に、最先端の気候変動予測の数値シミュレーション結果や衛星による観測結果を、マルチメディアを駆使して再現する「触れる地球」を製作している。これは両手で少し力を加えると、その力を感知して地球儀上の映像が回転することによって、たとえば熱帯太平洋でエルニーニョ現象が起きているときに大西洋ではどのような現象が起きているかを理解し、また渡り鳥などのような経路をどのような気象現象を利用して移動しているかをトレースすることもできる。地球の仕組みやその変化を、市民が体感できるプラットフォームとして極めて有用である。

情報の創出・提供自体に多様な主体が参加し双方向的な情報交換が行われることで、社会全体として不確実な事象とその扱い方への理解が深まり、共に行動できるコミュニティの形成が期待される。中央集権的な施策の実施に加え、地域の主体的な取り組みが必要である。地域の住民意識、地域における合意形成・利害調整機能および地方行政組織の機能を含めた「地域経営システム」を構築し、その継続的なモニタリングよって各機能および住民を含むステークホルダーの動的相互関係が検証・評価され、必要に応じて見直されなければならない。最終的な「地域経営システム」は、このモニタリング、検証・評価、見直しのプロセスを含めた全体システムとなっていなければならない。システムの適切な設計は全体の半分に過ぎず、その適用と運用の方法論があって初めて機能する。

対応策のオプションの戦略的な採用に当たっては以下の三点に留意する必要がある。第一は、環境変動予測における不確実性の評価の導入である。対応策の策定時点での予測の不確実性を定量的に評価するとともに、自然科学的の努力により予測の不確実性は将来減少されることの期待を盛り込む必要がある。第二は技術革新によって、より効果的で社会的にも経済的にも受け入れ易い対応策が生み出される可能性があり、将来にむけて対応策のオプションが広がることが期待されることである。第三は総合的な便益目標を達成する視点である。経済的便益の評価のみにとどまらず、住民意識に依存する生活や環境の改善を含む、地域・流域全体の社会的便益の評価が必要となる。この三点に留意して、可能な限りのオプションを用意しておき、地域全体で状況の認識を共有し、段階的、戦略的に対応策を選択することが重要である。つまり不確実性が高く、現在の科学技術では有効な対応とれない段階では、社会的対応を中心とする将来の柔軟に変更が可能な対応策を、確実性が高い場合にはより決定的な対応策を選択できる意思決定メカニズムの構築が望まれる。

地球規模の環境問題は、現象そのものが地球規模であるもの、類似の現象が地球上の様々なところで発生するもの、現象は局所的であるがその規模と影響が大きく一国、一地域だけでは対応しきれないものがある。これらの問題への対応にネットワーキングが不可欠であることは論を待たない。加えて、環境問題を引き起こす外力は同じであっても、地域固有の文化的、社会的、経済的特性によって異なる対応策がとられている場合や、問題そのものが地域固有であり、そこで生まれた独自の対応策がとられている場合にあっても、それぞれにおいて蓄積された経験や智恵は、他の事例にも有効に作用する場合があることを、自然の多様性の恵みから我々は学んでいる。多様性に敬意を払い、ネットワーキングによって、人と人、人と自然とが和やかで調和のとれた、レジリアントな社会の形成を目指したい。

【参考文献】

D・H・メドウズ他／大来佐武郎監訳『成長の限界――ローマ・クラブ「人類の危機」レポート』ダイヤモンド社、一九七二年
米国合衆国政府特別調査報告／逸見謙三・立花一雄監訳『西暦二〇〇〇年の地球』家の光協会、一九八〇年
国際自然保護連合（IUCN）や国連環境計画（UNEP）『世界環境保全戦略』一九八〇年
気象庁訳「IPCC第四次評価報告第一作業部会報告書」二〇〇七年
ニコラス・スターン／アジア太平洋統合モデリングチーム・国立環境研究所訳『気候変動の経済学』二〇〇七年
北山忍『自己と感情――文化心理学による問いかけ』共立出版、一九九八年
小池俊雄・井上雅也編著『環境教育と心理プロセス――知識から行動へのいざない』山海堂、二〇〇五年
大井玄『環境世界と自己の系譜』みすず書房、二〇〇九年
金子隆一他「日本の将来推計人口（平成十八年十二月推計）」（国立社会保障・人口問題研究所

編『人口問題研究』第六三巻一号、二九―七一頁、二〇〇七年）
和辻哲郎『風土――人間的考察』岩波書店、一九八二年
横山紘一『唯識とは何か――「法相二巻抄」を読む』春秋社、一九八六年
竹村真一『地球の目線――環境文明の日本ビジョン』ＰＨＰ新書、二〇〇八年

【引用文献】

レイチェル・カーソン／青樹簗一訳『沈黙の春』新潮文庫、二〇〇四年（改版）、一二―一三頁
ジョイ・パルマー編、須藤自由児訳『環境の思想家たち（下）――現代編』みすず書房、二〇〇四年、一〇二頁

第四章

# 平和への道

戦争と平和

【平和】……………勝山恭男

## 一　戦争の世紀

二つの世界大戦と東西冷戦が続いた二十世紀は「戦争の世紀」と呼ばれる。世界大戦は、国家及び国民のすべてを巻きこむ史上初めての総力戦となり、人類に多大な惨禍をもたらした。世界の各地が軍靴で踏みにじられ、大戦による犠牲者は敵味方あわせて五千万人を数えた。東京をはじめ世界の多くの都市が焦土と化し、貴重な文化財が失われた。そのあげく、広島、長崎では一瞬の閃光によって三十万人もの尊い生命が失われた。また、ナチスによるユダヤ人の大量虐殺や、シベリアでの捕虜の酷使など悲劇的行為も数多く行われた。

戦争の犠牲になった大勢の人びと、その遺族や近親者、また友人達の悲しみはいつまでも消えることがない。さらに大戦後、四十余年にも及ぶ東西冷戦のさなかで、人びとは、両陣営による政治的抑圧やいつ起こるか知れない核戦争の恐怖に怯えて生きることを余儀なくされた。冷戦が終結して、人びとはこの忌まわしい「戦争の世紀」が速やかに終わることを期待し、平和な世界が招来することを夢みた。しかし、現実はその期待に反して、世界の各地で紛争やテロが相次いで起こり、バラ色の夢はすっかり色あせようとしている。

ユーゴスラビアの崩壊によるボスニア・ヘルツェゴビナの紛争、イラクのクウェート侵攻に端を発した湾岸戦争、民族独立問題や石油パイプラインの利権が絡んだチェチェン紛争など、民族や宗教、天然資源の分配などをめぐる地域紛争が数多く勃発した。

イスラーム圏では欧米主導の経済社会制度に組み込まれることに強い反発があり、イスラーム的な国家や社会の実現を目指すイスラーム復興運動が民衆の支持を得て急速に高まった。そのなかで、アルカーイダなど一部の過激派勢力は問題解決のためには暴力の行使を辞さないと考えるようになり、二〇〇一年にはアメリカ同時多発テロを起こした。これに対してアメリカは対テロ戦争を掲げてアフガニスタンに侵攻し、さらにイラクに派兵した。その間にも、ロンドン、マドリード、バリ島などをはじめ、各地でテロが相次いで起こり、いまだ後を絶たない。この非人道的なテロによって罪のない大勢の民間人が犠牲になっている。

一方、科学技術の進歩とともに核兵器やミサイル、その他の兵器の破壊力はすさまじく向上している。米ロ両国に備蓄されている核弾頭の数は全人類を数十回も殺戮するに余りあるほどに達している。また、世界では年間、一兆数千億ドルに達するという途方もない額の資源や労力が軍備の増強に費やされている（表1）。

この軍事費の一部を開発途上国の援助に振り向けることで、第三世界が直面している飢餓や貧困の問題を解決し、医療や識字率の向上に大きく役立てることができるのである（表2）。

表1　世界の軍事費―トップ10

| 2008年の実績 | 単位：億US $ |
|---|---|
| 世界 | 14,640 |
| 米国 | 6,070 |
| 中国 | 849 |
| フランス | 657 |
| イギリス | 653 |
| ロシア | 586 |
| ドイツ | 468 |
| 日本 | 463 |
| イタリア | 406 |
| サウジアラビア | 382 |
| インド | 300 |

出典：ストックホルム国際平和研究所（SIPRI）2009年版年鑑

表2　開発途上国への経済協力

DAC加盟22カ国の2008年政府開発援助（ODA）の実績暫定値―トップ5

| | 単位：億US $ |
|---|---|
| 総額 | 1,198 |
| 米国 | 260 |
| ドイツ | 139 |
| 英国 | 114 |
| フランス | 109 |
| 日本 | 93 |

出典：開発援助委員会（DAC）

二十一世紀もまた「戦争の世紀」となってしまうのであろうか。二十世紀においては「戦争の世紀」とはいえ、まだ人類は生き残ることができた。しかし二十一世紀においては、「戦争の世紀」とは、もはや「人類滅亡の世紀」であることと同義なのである。

いまや、核兵器を廃絶し、戦争やテロを防止するとともに飢餓や貧困を克服して、世界の人びとが恐怖と欠乏から解放された「平和で安全な世界」を構築することが、人類の生存にとって最も重要且つ緊急な課題である。

「戦争の世紀」は一日も早く終焉させなければならない。

## 二　戦争の原因

人類の歴史を見ると、戦争はさまざまな形をとって繰り返されてきた。人間は、なぜ戦争し、殺しあうのか。人間以外の動物は他種の動物を殺すことはあっても、同じ仲間同士はめったに殺しあわない。また、北アメリカのイヌイット、アフリカのブッシュマン、オーストラリアのアボリジニー、東南アジアのセマン族や、かつての琉球王国などのように戦争をしない民族もある。

戦争の起こる回数や多様性などから考えると、戦争の原因は人間の先天的な本能ではなく、人間が後天的に作り出した社会制度や社会的諸条件の中に求めるべきであることがわかる。さらに戦争をするのは人間であるから、社会的諸条件と共に人間の心の持ち方や価値観などの精神的諸条件の中に戦争を始める何かがあるに違いない。

戦争の誘引となる社会的条件として、まず考えられることは、帝国主義列強の出現、領土・食糧・資源・市場などの争奪、勢力均衡の変動、イデオロギーの対立、富める国と貧しい国の格差、支配者による差別・抑圧、宗教的・民族的対立、文明の衝突、等々がある。

一方、ユネスコ憲章は「戦争は人の心の中で生まれるものであるから、人の心の中に平和のとりでを築かなければならない。相互の風習と生活を知らないことは、人類の歴史を通じて世界諸人民の間に疑惑と不信を起こした共通の原因であり、この疑惑と不信のために、人民の不一致があまりにしばしば戦争となった」と明定して、戦争の原因に相互認識の欠如、疑惑や不信などの精神的諸条件をあげている。

戦争の誘引となる精神的諸条件としては、富や権力への限りない欲望、相互の風習や文化に対する無知、偏見、蔑視、相手に対する怒り、恨み、復讐の念、優越感や劣等感及びこれらによって引き起こされる疑惑、不信、恐怖、誤った判断、等々があろう。

今日の国際社会は主権国家を単位として構成されている。その中で各国はつねに国益を優先し、「経済的利益＝富」と「政治的支配権＝権力」の拡大を追及してやまない。大国であればあるほどこの欲求は高まり、覇権を目指すことになる。また国際社会は国家主権を制限する有効な手段を持っていない。このような国益中心主義に基づく今日の主権国家のあり方に、戦争を誘発する社会的原因がある。

人間は生かされて生きる存在であり、地球の資源に限りあることから、無制限な欲望は必ず民族、国家間の対立を引き起こす。戦争苦を人間存在の原点に立ち返って考察するとき、人間の自己中心的な貪り（貪欲《とんよく》）、怒り（瞋恚《しんい》）、無知（愚痴《ぐち》）の三毒が、戦争の根源的な原因であると考えられる。

## 三　我々の目指す平和

「平和」とはきわめて多義的、多次元的な概念である。平和には、「外なる平和＝地上の平和」といわれる政治的、経済的、社会的諸条件などの外的側面とともに「内なる平和＝心の平和」にかかわる精神的、心理的、文化的諸条件などの内的側面がある。平和を正しく理解するためには、内外両面にわたる全体的・包括的視点から考察する必要がある。

### 1　直接的暴力と構造的暴力

一般に「平和とは人間社会において戦争のない状態＝戦争の不在」として考えられてきた。戦争は直接的に人間を殺傷し、資産を破壊するから、「戦争の不在」としての平和は、人間が生きていく上においてきわめて重要である。

しかし、それが平和のすべてであるかというと決してそうではない。たとえば、第三世界にみられるような極度の貧困や飢餓、差別や抑圧の中で、民衆が衣食住に事欠き、教育や医療を受ける機会にも恵まれず、政治的権利も十分に行使することのできない社会状態であっては、とうてい平和な状態とはいいがたい。戦争も悲惨だが、貧困や差別などの社会的不正義もまた悲惨なのである。

平和研究者ヨハン・ガルトゥングは、自己保存（生命の維持）や自己実現を妨げる「暴力」を直接的暴力と構造的暴力の二つに分けて説明している。

直接的暴力とは、戦争、テロ、暴行、武力の行使などである。この暴力は、暴力の行為主体が明らかであり、直接的に人を殺傷し、資産を破壊する。

一方、構造的暴力とは、貧困、飢餓、抑圧、差別などの社会的不公正及び環境汚染などを言う。この暴力は社会構造を原因とするものであって、暴力の行為主体があいまいであり、ゆっくりと人間を殺傷する。戦争がないのに人命が奪われ、人間の精神的・社会的自己実現の機会はきわめて限定されてしまう。

これらの直接的暴力と構造的暴力からの解放及びその克服は、平和を実現するための必須の条件である。直接的暴力から解放された戦争の不在としての平和を「消極的平和」と言い、構造的暴力から解放された社会正義の実現としての平和を「積極的平和」と呼んでいる。

## 2　平和の四次元的考察

「平和」について、さらに四つの次元からふかく考察してみよう。

まず第一に平和は、古来から「人と人との間の平和」と認識されてきた。つまり、個人対個人及び個人の集合体である集団、社会、国家を含めた、さまざまなレベルにおける人間の相互関係における平和が考えられてきた。

人間は一人では生きていけない。他者との関係において始めて人間であり、社会的存在としてはじめて生きていくことができる。「人と人との間の平和」は人間の社会的側面における平和である。これには、対人関係をはじめ政治的、経済的、社会的諸条件が深くかかわるとともに精神的・文化的側面を見落としてはならない。

第二に、「人間と自然との間の平和」がある。

人間が生命を維持し、生存していくためには、空気、水、食糧をはじめ各種の天然資源、植物や動物などの生物、さらに大地、森林、海洋、陽光などの自然環境がなければならない。従来、人間は欲望の赴くままに自然を支配し、利用してきたが、それが原因でいまや地球環境は汚染と破壊に瀕している。

人間の住み家である地球が汚染され、破壊されることは、人類の滅亡に直結する重大な構造的暴力の問題である。これを避けるためには、動植物を含む自然と人間との間の平和、共生（ともいき）が不可欠である。

第三に、「己と己との間の平和（自分自身の内なる平和）」がある。

人間は、たとえ衣食住に恵まれていても、心の中に矛盾や葛藤があるとき、平和ではありえない。人が限りない貪欲に駆られているとき、怒り、憎悪、恨みの炎に燃えさかるとき、不信、恐怖、不安にさいなまれるとき、殺戮を好むとき、人の心は平静を失い、自己を見失い、適切な対応ができなくなる。

貪欲を離れて足ることを知るとき、不信、恐怖、不安を克服して信頼や安心を得たとき、怒り、憎悪、恨みを捨てて寛容、許し、隣人愛につくとき、殺戮を忘れて大悲の心を起こすとき、人は心の中に平安を得る。

人間生活にはさまざまな欲求や葛藤が付きまとう。これらの欲求や葛藤を絶えず調整し、抑制し、調和させていくことが、人間の自己実現に向けた過程として大切なのである。

自分自身の内なる平和は、自分自身の心の変革と浄化を伴ってはじめて実現することができる。人間のすべての行為は、人間の意志によるものであるから、自分自身の心のうちに平和を確立し、それを保ち続けることは平和への大切な出発点である。

第四に、「人と神・仏・真理との間の平和」がある。

生きとし生けるものはすべて死をまぬがれない。その中で人間は、限りある人生に人間存在の意義を見出そうとする。そして、人間を超えた絶対、永遠の価値あるものを探求せずにはいられない。とりわけ宗教を信ずる人びとは、神・仏・真理への帰依、信仰に基づき、懺悔、愛の実践、修行、心の浄化などに励むことによって、絶対的な安穏の境地、あるいは救いの境地に到達することを願う。

仏教で教え示す「涅槃寂静」は、人間が無明（無知）や煩悩から解脱し、宇宙の大真理を体得して到達しえる絶対安穏の境地である。この境地は究極的な平和の境地であり、自己実現の大目標である。法華経は、すべての人間は心に仏性（仏陀になる可能性）を有し、菩薩道を実践することによって涅槃寂静の境地に達することができると教え示している。法華経に示された菩薩道こそは涅槃寂静に至る大道であり、この大道を歩む者には心に無常の歓喜があり、平和がある。

さて、ここまで平和について内・外の四次元から考察したが、これらの平和は別々にあるのではなく、表裏一体、密接不可分の関係にある。これらの平和が一体となって総合的に実現されたところに「真の平和」がある。

一言で言えば、「平和とは戦争や争いがないばかりでなく、衣食住や自由、平等、隣人愛など人間の生存と自己実現に必要な物心両面にわたる要件が充足され、人と人（個人、集団、社会、国家）との間に、人と自然との間に、己と己自身との間に、人と神・仏・真理との間に大調和が築かれている状態」である。

# 四　平和の原理

仏教は、慈悲、平等、寛容、平和主義の教えである。とりわけ法華経は、仏滅後二千年を経た後の末法濁悪世、つまり世の中が欲望、邪心、戦争、災害などで混沌とした時代において、一切衆生を救済するために説かれた経典である。そこに説き示されたすべての教えが、地上に平安と幸福をもたらす「平和の原理」に他ならない。ここではその主な教説について略述する。

## 1　存在するものの相互依存性

仏教の原始経典では、「この世に存在するすべてのものは、単独で孤立して存在するのではなく、相互に関係しあい、依存しあって存在している」と教え示している。この原理は「縁起観」と呼ばれるが、縁起観は人と人（個人、集団、社会、国家）との関係においても、人と自然との関係においても、当然あてはまる。

人間は一人だけでは生きていけない。隣人、集団、社会、国家及び自然との相互依存の関係の中において、生かされて生きているのである。国家もまた同様である。通信・交通手段の著しい発達や、産業・貿易など経済活動の国際的な拡大によって、国際間の政治、経済、環境などの多元的な相互依存関係、相互浸透性が大幅に進捗して、もはやいかなる国も自国の力だけで自立し、繁栄することはできない。縁起観を正しく認識すれば、国家・人間の安全保障は相互に支えあうものであることが理解され、戦争はもうできないのである。

## 2　価値観の多元性と人類の一致

存在するものの相互依存関係を認識することは、価値観の多元性を認めることにつながる。法華経に教え示された「三乗を開会《かいえ》して、一乗を顕現する」ところの開三顕一《かいさんけんいつ》の原理は、この関係を巧みに解明している。

仏陀は、衆生の教化救済にあたり、衆生の気根や欲求に応じて、声聞、縁覚、菩薩という三通りの異なる修行のあり方を説いた。そして、そのいずれも修行の究極目標である一仏乗という成仏への道に通じる巧みな手段であるとして、それぞれの価値を認めると共に、より高い次元での和合一致の可能性を教え示したのである。

人間の欲求や価値観は多様である。世界にはさまざまな民族が存在し、それぞれに固有の文化があり、価値観も異なる。

価値観の多元性を認めることは、相異なる文化や価値観に優劣をつけることではなく、これを相互に理解し、尊重することである。そこには、寛容や融和の精神が生まれ、「ひとつの地球」

に住む地球市民としての人類の一体感が培われると共に、より高い次元での人類の一致と多様な文化の創造が可能となる。

### 3　三毒の調御と「生活の質」

仏教では「人は、安穏に生きていくためには、貪り（貪欲）、怒り（瞋恚）、無知（愚痴）の三毒を調御しなければならない」と説く。人間はとかく自己中心的な欲望の追求に走りやすい。しかし、地球の資源は有限であり、またそこにすむ人口の増大を考えると、人類は民族・国家間の利害の衝突や環境破壊を招くことのない持続可能な経済成長と公正な分配を志向せざるを得ない。

このためには、金や物の豊かさを追求する価値観や生活態度を改めて、「少欲知足」の簡素な生活、精神的・文化的価値を重要視する生活様式へと転換しなければならない。

いまや人間は、「生活の質＝人生の価値観や生活様式のありよう」に根本的な見直しが求められている。ここでは人間生活において、また民族や国家において、三毒の調御が平和への原理として重要な課題である。

### 4　生命の尊重と非暴力主義

生きているものを無闇に殺害することは、古来から、宗教の戒律として、また一般社会の掟や倫理道徳として禁止されてきた。とりわけ仏教では、不殺生の教え、生命尊重の精神は伝統的に遵守されてきた。原始経典では、この世に人間として生を受けることは稀有の難事であり、人間として生かされて生きることの有り難さを教え示している。

問題を解決するにあたって、武力やその他の暴力を用いないとする非暴力（不殺生）主義の教えは、真理や隣人愛と共に今なお平和運動の重要な原理となっている。

インドの聖者マハトマ・ガンジーは、多くの苦難を克服しながら非暴力の原理によって大衆を導き、ついにインドを英国の支配から解放した。彼は非暴力主義について次のように述べている。

「私は絶望したとき思い出すのだ。歴史を通じて、真実と愛とは常に勝利者であったことを。時には暴君や虐殺者が勝利を得ることがあっても、それは必ず滅びていることを」

## 5　四諦・中道・八正道

四諦・中道・八正道の教えは、平和実現のためのきわめて重要な実践原理である。

苦の実態を正しく認識し（苦諦）、その原因を探求し（集諦）、苦の滅を示し（滅諦）、問題解決の適切な手段を解明し、その方策を実行する（道諦）、という「四諦」の教えは、人生苦にとどまらず、戦争、飢餓、貧困、環境破壊などの人類の現実的な苦悩の解決に有益な示唆を与えてくれる。

また快楽主義や禁欲主義のいずれにも片寄らない両極端から離れた、目的にかなった適正な修行方法をとることを「中道」という。

「八正道」とは、問題の本質を正しく見極め、正しく考えることから始まって、正しい言葉を使い、正しい行為や正しい生活を営み、正しく努力し、正しく念じ、正しく心を定めて智慧を完成させる、という人間完成のための実践を教えている。八正道は、四諦の道諦にあたり、また中道でもある。

「中道」や「八正道」の教えは、人間が「生活の質」を再定義するにあたって有益な教訓となるであろう。

### 6　永遠の生命と菩薩道の実践

法華経は、「本仏釈尊の寿命は永遠不滅であり、その慈悲と智慧の働きは無量無辺であって、すべての生きとし生けるものを救済するために順逆さまざまな方便を使って常に無上の法を説いておられる。自ら身命を惜しまず仏道に励む者は、仏が常にここに住して説法していることを認識することができる」(如来寿量品)と教え示している。

本仏釈尊の永遠普遍の存在と慈悲と智慧の働きを深く信解し、自己の解脱と他者の救済を共に目指しつつ、六波羅蜜（布施、持戒、忍辱、精進、禅定、智慧）を行ずる菩薩道の実践こそは平和への大道である。

この道を歩む者は、まさしく今日の混沌とした世界に平和をもたらす「平和の使徒」ということができよう。生きとし生けるもののすべての生命を尊重し、争いの原因となる欲望を制御し、常不軽菩薩の礼拝行のごとく他者を尊重し、怨讐を離れた慈悲行の実践によって、我々は自己実現と共に他者との共存共栄が可能となるのである。

## 五　平和を実現するための諸方策

平和について考察するとき、その理念や原理を論ずるばかりでなく、平和実現のために実践し行動するところにこそ意味がある。ここでは「平和のために我々はなにを為すべきか、また何ができるのか」を主題とし、平和を実現するための現実的な諸方策について考究する。

### 1　核兵器の廃絶と軍備の撤廃

混沌とした国際社会において、戦争を防止する手段として最初に取り組むべき重要な課題は、核兵器の廃絶及び軍備の撤廃に向けてあらゆる努力を傾注することである。

今なお地球上には、米・ロ・英・仏・中の核保有五カ国による二万三千発を越える核兵器が備蓄・配備され、全人類を数十回も絶滅するほどに達している。そればかりでなく、インド、パキスタン、北朝鮮、イスラエルなどの核保有国があり、さらにイラン、シリア、ミャンマーなどの新たな核拡散やテロによる核暴発の脅威及び核の闇市場を通じての拡散などの問題がある。人類はまさにデモクレスの剣の下に置かれているのである。

一方、核兵器以外にも対人地雷やクラスター爆弾などの禁止、人間を殺傷するための兵器の開発、軍備の増強など多くの課題を抱えている。また世界の軍事費は年間一兆数千億ドルに達している。さらに、核兵器やその他の軍備は無限の軍備拡張をもたらし、戦争を引き起こす誘引となる（一五六頁の表1参照）。

我々はこのような非人道的な軍備の増強を絶対に許すことはできない。核兵器の廃絶とともに積極的な軍縮を促進し、相互の不可侵、友好親善などを目指す外交交渉や条約の締結などが急がれる。

今日までに、米ロ二国間による戦略兵器削減交渉条約（ＳＴＡＲＴ）は、双方の核弾頭の削減・解体を現実に可能にした。また国連軍縮特別総会（ＳＳＤ）はじめ国連における多国間の軍縮会議及び総会では、核不拡散条約（ＮＰＴ）、包括的核実験禁止条約（ＣＴＢＴ）など軍縮の促進、軍備の透明性および各国間の信頼醸成措置などを図る多くの条約が締結された。

二〇〇九年四月、プラハでバラク・オバマ米大統領が「私は核兵器のない世界の平和と安全保障を追求するという米国の約束を、明確に、且つ確信をもって表明する」と核兵器廃絶に向けて演説し、また米・ロが第一次START後継条約の締結について合意した。二〇一〇年、NPT再検討会議では十年ぶりに最終文書が採択された。広島、長崎の被爆六十五周年平和記念式典に米・英・仏の核保有国の大使やパン・ギムン国連事務総長がはじめて出席した。

広島、長崎の両市は、国内外の三千を越える都市が加盟する平和市長会議やこれら加盟都市の市民、世界のNGO等と連携して二〇二〇年までに核兵器廃絶を目指す「二〇二〇ビジョン」を立て、さまざまな活動を展開している。

これらの条約や活動は、戦争の防止にあたって一応それなりの成果を挙げてきている。しかし、国際社会の努力は、いまだ不十分であるといわざるを得ない。とくに核保有国の積極的な努力が望まれる。

「核兵器のない世界」の実現は人類生存のための必要欠くべからざる条件である。その実現にはさまざまな問題と多くの困難が伴う。しかし、我々は強い希望と忍耐をもってこの問題に取り組まなければならない。

## 2　南北格差の是正と総合的安全保障

今日の国際社会において、「富める国」と「貧しい国」の経済格差は、あまりにも大きい。飢餓と飽食に象徴されるような富の偏在と分配の不公正は、構造的暴力として世界経済全体の安定を脅かし、国際緊張の誘引ともなっている。

国際通貨基金（ＩＭＦ）の報告によると、二〇〇九年の世界の人口一人当たりの国内総生産は、アメリカ、カナダ、ドイツ、フランス、日本などが三万ドル以上であるのに対して、中国は六千五百ドル、インドは三千ドルと、両グループの間には大きな開きがあり、ギニア、エチオピア、アフガニスタンなど千ドル以下の国が十数カ国もある（表3）。また、豊かな二〇パーセント（十二億人）が全世界の消費の八六パーセントを独占し、世界人口の六分の一にあたる十億人以上の人びとが貧困ライン以下の生活をしている（国連人間開発報告書）。また年間所得二万ドル以上の富裕層は一・七五億人、三千ドル超二万ドル未満の中間所得層は十四億人、三千ドル以下の貧困層は四十億人と世界人口の七二パーセントを数える（二〇〇七年統計、大前研一『資本主義の論点』ダイヤモンド社）。つまり、豊かな人はほんの一握りに過ぎず、多数の人びとは貧しい生活を余儀なくされている。

南北問題は依然として解決への前進は見られず、さらに南側の諸国間においても格差が拡大し、問題の解決をいっそう困難にしている。一次産品価格の低迷、食糧危機、人口問題、国際的な不景気の影響などによって、第三世界における経済状況は著しく悪化している。国際社会は、南北格差の是正に向け、国連ミレニアム開発目標の達成をはじめ、第三世界に対して、債

表３　国内総生産（GDP）－ 2009 年

| 国名 | GDP：10 億 US $ | 一人当り：US $ |
|---|---|---|
| 世界 | 57,937 | 10,366 |
| 米国 | 14,256 | 46,380 |
| 日本 | 5,068 | 32,607 |
| 中国 | 4,908 | 6,567 |
| ドイツ | 3,352 | 34,212 |
| フランス | 2,675 | 33,678 |
| イギリス | 2,183 | 34,618 |
| イタリア | 2,118 | 29,109 |
| ブラジル | 1,574 | 10,513 |
| スペイン | 1,464 | 29,689 |
| カナダ | 1,336 | 38,025 |
| インド | 1,235 | 2,940 |
| ロシア | 1,229 | 14,919 |
| オーストラリア | 997 | 38,910 |
| メキシコ | 874 | 13,628 |
| 韓国 | 832 | 27,977 |
| トルコ | 615 | 12,476 |
| インドネシア | 539 | 4,156 |
| スイス | 494 | 43,007 |
| サウジアラビア | 369 | 23,221 |
| アルゼンチン | 310 | 14,560 |
| エジプト | 187 | 6,123 |
| シンガポール | 177 | 50,522 |
| パキスタン | 166 | 2,661 |
| バングラデシュ | 94 | 1,465 |
| スーダン | 54 | 2,380 |
| ルクセンブルグ | 51 | 78,395 |
| エチオピア | 32 | 954 |
| アフガニスタン | 14 | 935 |
| ネパール | 12 | 1,205 |
| ジンバブエ | 4 | 354 |

出典：国際通貨基金（IMF）

務の棒引き、開発資金供与等をはじめとする経済協力、技術援助、教育支援など貧しい国の自立を助ける方策を積極的に推進しなければならない。

従来、安全保障といえば、外敵からの武力攻撃を想定し、それから国民の生命・財産、領土及び主権を軍事力・政治力を用いて守るという意味合いが強かった。しかし、相互依存が深まる世界の中で、内戦、テロ、経済危機、環境破壊、貧困、飢餓、感染症、国際組織犯罪など国境を越えた人為的、自然的脅威に対処していくためには、守るべき対象を領土や政治体制から、むしろ人間一人ひとりの生存や生活そのものに置き換えて考える必要がある。

人間の生存、生活、尊厳を守り、人間一人ひとりが持つ可能性を実現するためには、開発、人権、環境などの地球的課題への総合的な取り組みをはじめ、学術、芸術、スポーツなどの文化交流、民族・国家間の相互理解や信頼醸成など、さまざまな形での非軍事的側面における総合的な安全保障の方策が、官民ともどもに推進されることが必要なのである。

### 3　人権の尊重と民主的な政治体制

戦争と平和は、国内及び国際社会の政治体制にふかく関係している。

世界人権宣言は「人類社会のすべての構成員の固有の尊厳と平等で譲ることのできない権利とを承認することは、世界における自由、正義及び平和の基礎である」と明定しているように、生存の危機、自由の抑圧、差別や偏見のあるところに戦争の危険がある。個人の尊厳と責任、自由と平等、普遍的な人権の確立は平和の必須の条件である。いまや「世界人権宣言」の履行は当然のこととして、さらに「世界人間責任宣言」の制定が求められるのである。

軍事政権や独裁政権は、戦争の誘引として危険な体制であり、これは民主的な共和体制へと変革されねばならない。国際関係においても、各国は主権において平等であり、国家間に支配・従属の関係があってはならないし、また大国の植民地主義や覇権主義は排除されなければならない。

## 4 国益中心から人類益への転換

主権国家を単位として構成されている国際社会において、国益中心主義は国家間に相互の不信や利害の衝突をもたらしてきた。さらに、世界は政治、経済、社会、文化活動など、あらゆる分野で相互依存性や相互浸透性が急速に進捗しつつあり、その中で発生するさまざまな地球的問題群に対して、従来の国益中心型の国際社会体制は、十分に対応することができない。

平和実現のためには、国際社会において、各国は国益中心の厚い壁を打ち破り、むしろ、地球益、人類益により高い価値を見出さなくてはならない。国益中心主義を改め、人類益の理想に向けた価値観の転換が強く求められる。

一九九〇年代には、世界各地で地域経済圏の形成が活発化した。ヨーロッパでは、九三年には、ヨーロッパ共同体（ＥＣ）を拡大強化した欧州連合（ＥＵ）が発足し、経済的統合のみならず政治的統合が進捗している。またアメリカでもヨーロッパの動きに対抗して、九四年にはカナダ、メキシコと「北米自由貿易協定（ＮＡＦＴＡ）」が発効し、段階的な関税撤廃などによる市場統合を目指している。

## 5　新たな世界秩序の構築

大国が力で世界政治を決定していた時代に終止符が打たれ、個々の国やＥＵなど地域共同体、さらに市民レベルの主張さえもが、国際法のルールを通じて反映される時代に代わりつつある。また主要国首脳会議Ｇ７サミットはＧ８サミットに拡大され、さらにＧ１３サミットやＧ２０金融サミットが開催されるなど多国間協調体制への移行が加速している。

地球温暖化、貧困、エネルギー、食糧問題など、山積した人類の課題に対応するためには、パックス・アメリカーナ（アメリカの平和）でもない、パックス・ルシアーナ（ロシアの平和）でもない「普遍的な平和」とでもいうべき新しい世界秩序の構築が求められるのである。

新しい世界秩序は、諸民族が固有の文化とその特色を生かしつつ、なお国境を越えた地球民族として、また人類家族としての一致と連帯をベースにして構築される秩序でなければならない。その実現可能な方策としては、次の事項が挙げられる。
①人類愛の精神及び国際協調主義の理念を基調として、国家間の信義をふかめ、自由と平等及び責任と義務の履行を保障する国際体制を確立する。
②各国は、国連及びその付属機関の機能、並びに地域連合体の機能を充実し、これに国家主権の一部を委譲する。
③国際社会の行為主体として国際ＮＧＯ（非政府機関）に国益を越えた活躍の場を提供する。
④人間生命の母体である自然、地球の生態系、生物多様性の保全を図る。
⑤諸民族の特性を活かした公正な世界経済秩序を構築する。
⑥諸民族、諸宗教間の相互理解と協力を促進する。
⑦各個人は国民である前に人間であり、地球市民であることを自覚し、国境を越えた地球市民としての相互理解と連帯を図る。
⑧地球市民としての平和教育、国際世論の高揚を図る。
地球上のすべての諸国民、諸民族は、それぞれ独自の風土的・歴史的・文化的な特性を持ち、その尊厳性においておのおの平等である。諸国民、諸民族の尊厳性、独自性を尊重して構築される「新たな世界秩序」は、恒久平和の招来にとって必須の条件である。このようにして構築される新たな世界秩序は、究極的には現下の主権国家をより高い次元から包括する「多様の統

一」としての「一つの世界」（通一仏土）を形成する上で大きく寄与するものとなろう。

## 六　平和の担い手

平和の担い手というのは、「平和をつくりだす人」、つまり平和実現のために働く人びとのことである。戦争や暴力のあるところに和解をもたらし、戦争や暴力が起こらないようその原因を取り除き、人間の価値観の転換や諸国民の間に公正と信義をもたらすように努力する人びとである。

自分たちが生を受けた地球を平和で完全な姿で後世に残すことは、地球に住むすべての人びと——個人、集団、地方自治体、民族、国家、国際機構——の責任であり、各人にはそれぞれに果たすべき役割がある。

### 1　国家と政府の役割

日本国憲法は、「われらは、全世界の国民が、ひとしく恐怖と欠乏から免かれ、平和のうちに生存する権利を有することを確認する。われらは、いづれの国家も、自国のことのみに専念して他国を無視してはならないのであつて、政治道徳の法則は、普遍的なものであり、この法則に従ふことは、自国の主権を維持し、他国と対等関係に立たうとする各国の責務であると信ずる」と高らかに謳っている。

この憲法の理念は、わが国のみならず、現代の国際社会を律する普遍の原理となりうるものである。世界の主権国家及びその政府は、平和の担い手として重大な責務を果たさなければならない。

国際社会においては、戦争への道を選ぶか、和平への道を選ぶか、それを選択するのは国民であり、政府である。諸国間の友好関係を深め、諸国民の念願である平和を実現し、国民の福利の向上に最善を尽くすことが各国政府の責務である。政府の行為によってふたたび戦争の惨害を起こしてはならない。

## 2 国際機構、地域共同体の役割

軍縮、開発、人権、環境などの地球的問題群は、一国の努力あるいは各国のばらばらの対応では到底解決できない。これらの問題に全人類的視点から総合的に取り組み、諸問題を調整する国際機構を必要とする。

第二次世界大戦の後まもなく、世界の恒久平和の実現という崇高な理想を掲げて、国際連合（国連）が結成された。二〇一〇年現在、世界のほとんどすべての国（百九十二カ国）がこれに加盟している。

国連は結成して六十余年を経たが、その成果はどうであったろうか。

「国連憲章の精神が国際政治を貫く基調として機能してきたであろうか。依然として民族主義が強く、国家主権がはびこり、相互不信が根強い現代世界で、そう簡単に軍縮が進展し、局地戦争が終わるはずもないし、第三世界の飢餓、貧困の問題や、難民の問題も未解決のままである。では、国連はまったく無力なのであろうか。いや、けっしてそうではない。加盟国の政治的意思が一致したときは、驚くほどの活躍を見せたし、政治、経済、社会、人道の面でも数多くの成果をあげてきている。国連に限界があるのは、国連が現代政治の混沌とした現実を映し出す鏡だからなのである」（明石康『国際連合』岩波新書）

世界平和の実現には、国連及びその付属機関の働きは不可欠であり、国連がその機能を十分に発揮するためには、加盟国及び関連する非政府機関（NGO）の協力が強く望まれる。

一方、ヨーロッパ、アジア、アフリカなどの各地域においては、政治、経済、社会活動などの相互依存性のたかまりに伴って、地域連合体が発足し、多国間協調体制が進展している。

一九九三年、ヨーロッパ共同体（EC）を拡大強化した欧州連合（EU）が発足したが、二〇〇四年には東欧諸国も加わり、現在、二十七カ国が加盟して、東西ヨーロッパの経済的・政治的統合が進捗している。

アジアでは、九〇年代以降、東南アジア諸国連合（ＡＳＥＡＮ）が地域経済協力を本格的に推進するようになり、九三年にはＡＳＥＡＮ自由貿易地域（ＡＦＴＡ）を設立するなど東アジアにおける地域統合の動きが加速している。また、ＡＳＥＡＮに日本、中国、韓国を加えた十三カ国を中心として、東アジア諸国が経済、政治、文化など幅広い分野での地域統合を視野に入れた「東アジア共同体構想」が提唱され、これにインドなどの周辺諸国も参加している。これが結成されると、人口三十億人を超える巨大市場が実現することになる。

これらの地域連合体の連携は、新世界秩序の構築や平和の招来に向けて重大な役割を担うことになるであろうし、今後の世界の動向を左右するものとして見逃すことができない。

### 3　非政府機関（ＮＧＯ）の役割

国際社会における相互依存が進展する中で、民間においても経済、宗教、文化、学術、科学技術、福祉など、社会のさまざまな分野で国境を越えた活動が活発となり、多くの国際組織や多国籍企業（ＭＮＣ）、超国籍企業（ＴＮＣ）が結成されるようになった。これらの国際的民間組織（非政府機関＝ＮＧＯ）は、さまざまな分野において、それぞれの特色、専門的機能を生かし、平和のために貢献することができる。

国連その他の政府間国際機構は、問題の解決にあたってしばしば加盟国の国益という厚い壁に阻まれて、十分に機能を発揮することができない場合がある。これに対して、NGOは国境を越えた組織であるから、常に国益を超えた人類家族の立場から問題解決にあたることができる。これはNGOの大きな利点である。

国連憲章第七十一条は、国連の経済社会理事会とNGOとの間で相互に協議できる制度を定めて、NGOの持つ利点を活用する道を開いている。

この制度により国連との間に諮問協議資格を取り決めたNGOは、国連NGOと呼ばれ、国連の諸会議を傍聴し、関係資料を入手し、国連の諸活動に意見を具申したり、人道的援助やその他の活動に協力することができる。

平和という共通の目的のために、NGOは、広くマスコミなどの報道機関の協力や市民の賛同を得つつ、自ら国際的な連帯を強めて奉仕や行動を起こすと共に、主権国家や国際機構に対していい意味の圧力を加えることが可能である。国連軍縮特別総会、国連世界人権宣言、国連環境会議などにおけるNGOの活躍は目を見張るものがあった。

人間の尊厳をベースにした民主主義の理念が、国内及び国際政治の基調として世界に定着しつつある現代社会において、NGOは、市民社会における平和のための地道な草の根運動の推進役であるばかりでなく、国際政治、国際社会に影響力のある行為主体として重要な役割を演ずることになろう。

## 4　宗教NGOの役割

キリスト教、イスラム教、ユダヤ教、仏教などの宗教を背景として組織された宗教NGOは数多くあり、それぞれの信仰のもとに結束し、民族、国家の壁を越えた国際的連帯の下で平和への地道な活動を日夜、展開している。

また、世界宗教者平和会議（WCRP）、国際自由宗教連盟（IARF）および日本宗教者平和協議会のような、諸宗教の相互理解と協力を基盤として組織された諸宗教連合のNGOによる平和運動がある。

WCRPは、一九七〇年、京都で、史上初めて、十指を超える世界諸宗教の指導者による大規模な平和会議を開催し、創設された。国連経済社会理事会に協議資格を有するNGOとして認定され、非武装、開発、人権、環境、難民、紛争和解等の諸問題に取り組んでいる。インドネシア及びアフガニスタン難民救済活動、国連軍縮特別総会や北海道洞爺湖首脳会議ではNGOとして先導的な役割を果たした。アジア宗教者平和会議（ACRP）はじめヨーロッパ、アフリカに地域評議会を擁するほか、八十余カ国に国内委員会・評議会を組織し、世界的ネットワークのもとに活動を展開している。

宗教を異にする人びとが、平和の大義のもとに、それぞれの信仰を堅持しつつ、相互に敬愛し、一致協力して、宗我・宗益を超え、ひとつの宗教・宗派ではできにくいこと、国益を乗り越えた、より高次元での人類愛に根ざした活動を展開している。さらに、相異なる宗教の相互理解と協力は、相異なる民族、国家間の信頼と友好への一里塚でもある。

## 5 個人の役割

国家、政府、NGO、宗教団体はいずれも個人を構成員として成り立つ組織体である。日本国憲法は「そもそも国政は、国民の厳粛な信託によるものであつて、その権威は国民に由来し、その権力は国民の代表者がこれを行使し、その福利は国民がこれを享受する」と明定している。国家の意思決定は、国民の厳粛な信託によるものであるから、一国の繁栄も衰亡も、つまるところ国民一人ひとりの自覚と行動にかかわるのである。

人類が繁栄の道を選ぶのか、それとも破滅の道を歩むのか、それを決定するのは、地球市民一人ひとりの自覚と行動による。世界の平和は全人類の問題であると共に、人間一人ひとりの問題である。

この意味で、一人ひとりの個人が究極の「平和の担い手」なのである。われわれ一人ひとりが、個人の価値の尊さと責任の重大さを深く認識しなければならない。そのことが平和への出発点なのである。

## 七　草の根の平和運動――平和への祈りと実践

われわれ一人ひとりは、まことに「いと小さき者」であり、それこそ草の根の存在に過ぎない。「平和の担い手」として、いったい何をなすべきであり、何をなし得るのであろうか。草の根の平和運動とは何であろうか。

草の根の平和運動には、祈り、対話、学習、奉仕、行動がある。

### 1　同悲同願の祈り

われわれ一人ひとりがなし得るまず第一のことは、戦争、飢餓、抑圧などで苦しむ人びとの悲しみを自己の悲しみとして受け止め（これを「同悲」という）、万人共通の願望である恒久平和の速やかな招来を心に深く祈念して（これを「同願」という）、たとえささやかであっても自ら平和の担い手として尽くすこと、役立つことを誓願し、神・仏のご加護を祈ることである。

平和招来の祈り（誓願）は万人共通の願望（同願）であり、一般社会においても宗教界においても、平和式典や平和行事の際に行われている。世界宗教者平和会議での祈り、ローマ教皇の呼びかけによるアッシジでの祈り、比叡山宗教サミットでの祈りをはじめ、各種の祈りの集会や祈りの週間などの行事もある。

平和への祈りは、自己の霊性の浄化と共に心の中に平和のとりでを築いてくれる。いつでも、どこでも、誰でもが、一人でも、仲間同士でも、集団でも始められる。われわれが実践できる平和への第一歩である。

## 2　対話と学習

ユネスコ憲章が明定するように「疑惑と不信による人民の不一致はしばしば戦争の原因となった」。疑惑と不信を除くためには、人と人との間の対話が欠かせない。対話には、家族間の対話、隣人同士の対話、問題の当事者間の対話、異なる民族、異なる宗教、異なる国家間での対話等々さまざまなレベルでの対話がある。対話を通じて、われわれは真実を見出し、相互に啓発される。さらに疑惑や不信を解消し、相互理解や信頼関係を築くことが可能となる。

世界宗教者平和会議（ＷＣＲＰ）では、一九七〇年以来、世界大会やさまざまなレベルでの集会を通じて、諸宗教の人びとが宗教の相異、民族の相異を超えて、平和のための対話を行っている。また、政界、財界、学会、宗教界、国際機関、報道機関などを交え、「二十一世紀への提言――日本会議」などのシンポジウムや集会を開催して、各界指導層との対話を行っている。

現実の平和問題に正しく対応するためには、問題の本質を直視して正確に理解しなければならない。そのためには内外における政治、経済、社会、文化など、平和にかかわるさまざまな問題について、たえず情報を収集し、研究し、学習する必要がある。平和学習は運動の方向性を考える上での羅針盤である。

ＷＣＲＰ日本委員会では平和研究所を設け、平和大学講座、平和のための宗教者研究集会を開催するなどして、平和の研究、学習、教育に取り組んでいる。

平和についての対話と学習は、奉仕と行動の指針となる。

## ３　実践としての奉仕と行動

平和のためには実践活動が欠かせない。実践活動を奉仕と行動（提言）の両面から見てみよう。ここで奉仕とは、戦争、飢餓、抑圧、環境破壊などによってもたらされる人間の苦悩や悲しみを和らげ、取り除いて、人びとに喜びを与える人助けの運動を言う。罹災者、難民、戦災孤児、困窮者など社会的弱者への人道的援助や自然環境の保護など、人間社会のゆがみやほころびを縫いつくろう活動である。

毎月定期的に一食を抜いて飢えを味わって献金する「一食をささげる運動」をはじめ、戦災孤児の里親運動、途上国の識字・教育活動、難民の支援、病人や高齢者の介護、慰問、医療活動、技術援助、資源リサイクル、清掃奉仕等々、誰でもできる各種の奉仕活動がある。この分野では国内外の多くのＮＧＯが積極的な活動を展開している。

ここで行動（提言）とは、戦争を防止し平和を実現するために、核兵器の廃絶や軍縮の促進をはじめ、平和を脅かす社会的不公正や矛盾及び政策の問題点を指摘し、国家、社会及び国際機構に対して、政治、経済、社会の構造的・制度的改革や政策の転換を求め、あるいはより望ましい政策を提言するなどの世直しの運動をいう。

これには内外における平和世論の高揚、政府をはじめ国際機関や各界指導者への政策提言、アピール、署名運動、関係者との対話集会、紛争当事者の和解の促進、マスコミの活用などさまざまな活動がある。

多くの国際ＮＧＯ、地域団体、市民が、国連軍縮特別総会や核不拡散条約再検討会議はじめ、気候変動枠組み条約締結国会議（ＣＯＰ）など、核兵器廃絶、軍縮、開発、人権、環境問題に関する国連主催の国際会議や、さまざまな分野で目ざましい運動を展開している。一例を挙げれば、ＷＣＲＰ国際青年委員会による世界の軍事費一〇パーセント削減を求めるアームズダウン・キャンペーン（軍縮促進運動）もある。

## 4　平和者として生きる

ここまで平和について考察してきたが、平和とは、人類全体の問題であるばかりでなく、つまるところ人間一人ひとりの生き方の問題であり、毎日の生活の中に平和を作り出していくことが大切なのだ、ということが分かる。世界をひとつの大きな網にたとえると、個人はその一つ一つの網の目に相当し、個人の行動が人類全体につながり、世界の動向が個人の行動につながっている。

草の根の平和活動とは、個人の自覚と奉仕と行動による運動であって、いつでも、どこでも、誰にでもできる運動なのである。それは、われわれ一人ひとりが平和の担い手として、心の中に平和のとりでを築くことから始まる。

心の中に平和のとりでを築くための第一歩は、人間として活かされて生きていることに深く感謝し、自己中心的な欲望を制御し、他者に対して怒りや恨みを忘れ、慈悲の心を涵養することである。また、平和への祈り、対話、学習、奉仕、行動など、できることから実践することである。

まず、自らの心田を耕し（上求菩提＝悟り、解脱を求める）、あわせて隣人の心田を耕し（下化衆生＝人びとを教化、救済する）、あせることなく、怠ることなく、一日一日を有意義に自らの務めに励むところに、平和への大道がある。このことは法華経で教え示すところの菩薩道（智慧と慈悲）の実践に他ならない。

世界の恒久平和の招来というと遥か彼方の遠い理想のように思える。しかし、万里の道も一歩から始まる。世界恒久平和の招来という万人共通の願いの達成に向かって、われわれ一人ひとりが手を携えて、足元の実践から始めようではないか。

「平和は一人ではできない。しかし、一人が始めなければ何もできない」

第五章

# 引き出す教育

## 人格の完成へむけて

【教育】……………庭野統弘

# 一　はじめに——今、日本の教育は

日本は、第二次大戦後に平和憲法を掲げ、経済成長に重点を置いたことにより、敗戦国としては驚異的な成長を遂げた。「世界に追いつき追い越せ」を合言葉に成長してきた日本経済は、一九六〇年、七〇年代の高度経済成長を経て八〇年代にはほぼ飽和状態になり、国民の大多数が中流意識を持つに至った。九〇年代になるとバブルがはじけ、経済成長は低下し、最近のリーマンショック金融危機ではその影響を大きく被り、リストラや派遣切りにより今日、明日の生活が保障されず、将来に希望が持てない人々が急増している。

一方、教育の現場では、戦後急激に社会変化を成し遂げたひずみがそれぞれの時代にそれぞれの形として表面化してきた。一九七〇年代には公害問題、家庭崩壊、少年非行、八〇年代には家庭内・校内暴力、少女売春、少年犯罪の激増、教育の荒廃などが代表的な現象であった。

その八〇年ころを境にして、子どもたちに異変が確認されるようになった。農業社会から産業社会を経て消費社会に突入し社会構造が大きく変化しはじめるが、そのころから「原理的に異なる育ち方」（汐見稔幸『親子ストレス——少子社会の「子育て」を考える』平凡社新書、二〇〇〇年）をした子どもたちが出現したといわれた。

大人たちは、そうした子どもたちの異変の大きな原因の一つとして受験戦争の激化にあると考え、勉強の質的・量的ともに余裕を持たせた教育、いわゆる「ゆとり教育」を与える方向性を示した。その時の象徴的な言葉が「自分さがし」である。しかし、この「自分さがし」が曲者であった。「自分さがし」をすればするほど、ますます自分への不安を募らせ、すでに一般に指摘されているように、ここにいる自分に自信がもてない自分、そうした、自分自身を否定する結果につながっていった。

現在その反動として、教育現場では質的にも量的にももっと負荷のかかる教育へと方向転換がなされつつある。

## 二　教育の目的

### 1　教育基本法

日本の教育はもともとどこへ向かおうとしていたのであろうか。言うまでもなく、その方向性の基準となるのが「教育基本法」であろう。

その旧法は日本国憲法と連動して昭和二二年に作られた。それは、日本国憲法に示された日本という国をつくり、支える人間の精神的、内面的な方向性を示すものと位置づけられた（眞田芳憲「教育の法と文化――教育基本法改正問題に問われているもの」、『地域文化研究』第九号、二〇〇六年)。そして、平成一八年には旧法を全面的に改正した教育基本法(改正法)が公布、施行された。

旧法でも改正法でも、前文では日本国民が国際社会で生きる方向性が示され、そのための教育の役割が明示されていた。そして旧法、改正法ともに、教育の根本的な目的として第一条に、心身ともに健康で、世界に貢献しうる日本国の形成者としての一員として、「人格の完成」を目指すとある。

## 2 人格の完成とは何か

「人格」という言葉は日本古来からのものではなかった。明治時代に欧米から哲学や教育学が導入される際に西洋哲学の影響を受けながら、英語 personality の訳語として使われ始めた。「人格」は人間という精神性、そして道徳性の主体としての存在を表す言葉として機能し、教育界でも明治三〇年に井上哲次郎によって修身教科書でこの訳語が用いられたのが最初である。

日本では江戸時代から儒教による道徳教育があった。この教育では、どの時代どの社会でも誰もが身につけなければならない行動の基準、心の修養が説かれていたのであり、日本人にはすでに儒教による具体的な「人間の完成」という教育の目的があった。その儒教思想と明治維新以降西洋から導入された人間平等思想とが合体して、「人格の完成」という言葉が使われるようになる。教育界では、明治三五年に井上によって「人格の完成発展」という言葉がはじめて使われ、その後、大正時代、昭和初期まで「人格の完成」という言葉は浸透していく。第二次世界大戦直前には、その言葉は単なる個人の完成のみに向いているとして非難されはするが、戦後に教育基本法が成立されるに至って「人格の完成」という言葉は国民に広く知れ渡ることとなる。

### 教育基本法の「人格の完成」

では、この人格の完成とはどういうことなのであろうか。

「人格」という言葉は西洋哲学で使われていた言葉の訳語ではあるが、旧法成立時点では、「人格の完成」は儒教にみられる理想的な「人間としての完成」という意味を十分に含んでいた。そこには人間が持つ「個人」の価値や尊厳に目を向けると共に、その自由と責任において、理性による思索を重ねて到達する人間のあるべき姿、つまり普遍的人格が想定されていた。改正法においてもこの「人格」の意味するところは変わりないと言える。ゆえに、旧法においても、改正法においても「人格」とは、「人の人たるゆえんの特性」（教育法令研究会『教育基本法の解説』国立書院、一九四七年）であり、「理性や自己意識の統一性又は自己決定性をもって統一された人間の諸特性、諸能力」（教育基本法研究会編著『逐条解説改正教育基本法』第一法規出版、二〇〇七年）と認識されている。「人格の完成」とは人間がそれぞれに備えているあらゆる特性や能力をできる限り調和的に発展完成させることであり、その基準となるのが、真、善、美、聖、つまり真理と道徳と芸術と宗教である。「人格の完成をめざす」とはそれら基準の理想を追求することによって普遍的人格、人間のあるべき姿をめざすということであり、教育にはそこに向かうための役割が期待されているのである（長田新ほか著『教育基本法――教育研究サークルのために1』日本図書センター、一九九八年／伊藤良高ほか編『新教育基本法のフロンティア』晃洋書房、二〇一〇年）。

教育基本法の旧法と改正法では、教育の目的が、「人格の完成」を目指すという点では一致しているが、その背景にある文脈に相違があり議論の対象となっている。旧法は日本国憲法と連動した形で成立し、教育のあるべき姿として自ら考え、判断し、行動に移すという人間主体の育成に重きが置かれていたのに対し、改正法では国や社会が必要とする国民の育成のための教育にニュアンスが置かれていた、などはその一例である。ここではそれらを議論する場ではなく深入りは避けるが、旧法で示された「個人」の意識が戦後教育を通して熟成されず、結果的には余りにも共同的意識をもたない「私化」された「個人」が世の中にはびこり道徳的腐敗を招くことになったことだけは確認しておきたい。その上で、旧法、改正法共にうたわれている「人格の完成」そのものに目を向けたいと思う。

## 「人格の完成」の宗教的観点

教育基本法の旧法、改正法共にうたわれてる「人格の完全」には人類学的見地のみならず宗教的な観点も含まれている。

事実、旧法の草案作成に関わった田中耕太郎文部大臣（当時）は敬虔なカトリック信徒で、カトリック的自然法観によってこの人格の完成を捉えていた。それによると、神によって神の似姿として創造された人間は、神から自由な意志を与えられており、それゆえ、行為の善悪の判断ができ、責任を負うべき存在となることができる。しかし、その基準は神にあり、人格の完成形はあくまでも神に基づくものである。

では、日本文化に多くの影響を与えている仏教においては、「人格の完成」をどう捉えることができるであろうか。人格にあたる仏教の言葉は厳密にはないが、あえて言うなら仏性であろう。これは「仏の本性にして、かつまた仏となる可能性」という意味を持ち（『岩波仏教辞典』第二版、岩波書店、二〇〇二年）、すべての人がこの仏性を兼ね備えているという教えである。仏と同じ性質を大なり小なりすべての人々がそのうちに持っているということである。仏教とは仏になるため、成仏するための教えであり、この教えからすると、自己の内にある仏になる可能性、仏と同じ性を持っているという仏性を認め、それを発揮していくことが求められる。そして、他者の内にも同じ仏性があることを認め引き出してあげるよう導いていく。自他共に仏性を認め、それを輝かせていくという「仏性開顕」の完成が人格の完成ということができる。人々をその仏性開顕へと導くのが仏であり、菩薩と呼ばれる仏教修行者である。

このように「人格の完成」という言葉の背景に宗教性があることは否めないが、教育基本法は、旧法にせよ、改正法にせよ、宗教的概念に偏ることなく、より一般化した普遍的な人格というものを導入し、宗教を持つ人も持たない人も人間の普遍的なあり方を追求できるような立場にある。

### 教える者の役割

では、「人格の完成」の具体的内容についてはどのように明らかにすることができるのであろうか。結論から述べると「人格の完成」というある特定の形があるわけではない。教育基本法は目的を提示するだけで沈黙しているが、それはある出来上がった形を押し付けるのではなく、出来上がった形にいかにして持っていくか、そこに視点を置いているからである。いうなれば、「人格の完成」のあり方は、理性をもってそれを判断する者が所属する具体的な時代や場所によってさまざまな様相となって出現するのであり、「人格の完成」の具体的内容はそれを判断する者の意志に関わってくる。大切なのは、そこに関わる者が、子どもと大人の区別なく人は人格を持つ存在であるという認識を持つことである。もし大人が子どもに対して人格を持つ存在であると認めないなら、そこには「人格の完成」に向けた教育は成立しない。なぜなら、人格が否定された存在に対して「人格の完成」は期待できないからである。

教育には「教育する者の『理念』の実現としての行為である」という原理があるといわれるが、まさに「人格の完成」に向けての教育が発生するには、教育する者が子どもを教育するという確実な意志がなければならない（杉原誠四郎『教育基本法の成立――「人格の完成」をめぐって』新訂版、文化書房博文社、二〇〇三年）。そうなってはじめてその内容が具体的になるのであって、そこに向かって「教育される者」がもつ無限に近い発達の可能性、人格が完成されうる存在であるという可能性が引き出されることになる。「人格の完成」という理念があるところに「人格の完成」への教育があるということであり、そこには教育する者の責任が問われることになる。

しかし、現在の新聞やニュースなどでみられる学校や家庭のさまざまな問題をみても、教育基本法で掲げる人格の完成という目的には果てしなく遠く、ましてや世界の平和や人類の福祉などは全く意識できない状態に陥っているように思われてならない。このままでは「人格の完成」どころか、人格が破壊された烏合の集団になりかねないのではないか。未来に対する不安こそ覚えるが、希望を持てる状態にはない、というのが現実ではないだろうか。

## 三　法華経に見る「教える者」の姿勢

教育は「教育する者」と「教育される者」の関係によって成り立つものでもある。現実社会においてに、「人格の完成」という目標を達成するためには、その意識をもった人々、特に教育に携わる「教育する者」の役割が大きいと思われる。そこで、仏教とりわけ法華経を尋ね、そこで登場する仏や菩薩に人々を「人格の完成」へと導く「教育する者」の姿をさぐっていきたいと思う。

### 1　「長者窮子」の譬え

その顕著な例が、『妙法蓮華経』信解品第四の「長者窮子の譬え」に登場する長者である。物語では、父である長者は仏のことであり、また、窮子として登場する長年音信不通だった息子は悟りを得ていない人間に譬えられている。この譬えには「父親」しか登場しないが、それはこの経典が成立した当時のインドの時代背景があるためである。ここでは父親を子に対する親という意味で捉え、以後「親」と表記する。この譬え話では、仏が慈悲心に基づいて巧みな手段を用い、人々を最高の境地に導くその働きが明らかにされており、具体的には「教育する者」の立場にある「親」が「教育される者」の立場にある「子」を育てる過程が描かれている。この譬え話は当時のインドの社会制度を考えると革命的な平等思想があるとされるが、同時に教育という視点からも重要な譬えである（菅野博史『法華経の七つの譬喩――初めて学ぶ「法華経」』第三文明社レグルス文庫、一九九三年）。

譬えの内容を以下に示す。

ある幼い子が何も分別がつかないために自分の家からさまよい出てさすらいの身となった。その子は、物語では窮子と呼ばれ、五〇年もの間、貧窮の身でさまざまな国を流浪し続けていた。他方、親は我が子を懸命に捜したが見つけ出すことができず、ある町に住みとどまることにした。そして大変裕福な身となり多くの人々が出入りする大きな屋敷をもつ長者に成った。

家を出た窮子は日雇い稼ぎで転々としながらその日暮らしの貧しい生活を続けていた。やがて足は自然と親が住む町に向かい、たまたま親の屋敷の前にやってきた。そこには親は長者となって住んでいた。窮子は自分とはあまりにも格が違いすぎるその家から立ち去ろうとするが、その時、窮子を見た長者は、一目でそれが我が子だと気づいた。長者はもうかなり年老いており一日でも早く我が子に戻ってきてほしいと思っていたので、使者を走らせ窮子を連れてこさせようとした。

しかし、窮子はやってきた使者が長者に派遣された者だと気づくと、連れていかれ殺されると思い込み気を失ってしまう。そこで長者はやり方を変え、貧しい身なりをした使者をおくり、窮子の能力に合ういい仕事があると伝えさせ、屋敷に来るように導いた。

はじめは汚物の掃除をする仕事を与えた。窮子はこれでお金がもらえると喜んでその仕事に従事した。長者は窮子の警戒心を解くために自ら垢じみたぼろぼろの着物を着、汚物をとる器を手に取って窮子の前に現れた。そして、窮子に対して一生懸命働くように励ました。そして徐々に責任のある仕事に就かせ、二〇年後には、長者が所有するすべての財物の出し入れを窮子に全部任せられるようになった。

ついに窮子の心が成長し物事を広く受け入れられるようになった時、長者は、この窮子は実は我が子であり自分の財産をすべてこの子に与えたいと願っていることを、すべての人々に宣言した。窮子は、思いがけずに自分の親が長者であり、その財産を自分が相続することを聞いたので、この上ない大きな喜びを得たのであった。

以上が「長者窮子」の譬えである。

## 2　譬えの親の教育姿勢

繰り返しになるが、教育の視点からこの譬えのポイントは、巧みにいろいろな方便を駆使しながら我が子を導き教育し、最終的に、人間として成長・自立させた慈悲深い親の愛情である。

子どもの人格の向上に親がどのような教育を施したのであろうか。その導きを考察してみたいと思う。

## 待つ――大慈悲心をもって仏性を信じる

まずは、親の子どもに対する変わらぬ思いである。親は常に家出した子どもを待ち続けた。家を出た子どもを五〇年経っても待ち続け、我が子を見つけても屋敷にやってくるまで待ち続け、屋敷に来ても我を親として認識できるまで、子どもがその精神状態に成長するまで二〇年も待ち続けた。この待ち続けることができるのは何よりも親の子に対する最大の愛があるからである。これが親の子に対する大慈悲心である。すべての行動の源であり、根本である。かなり時間を費やしたにせよ、親は待つことができたからこそ我が子を屋敷に連れもどすことができたし財産が相続できるくらいまで子どもを精神的にも能力的にも成長させることができたのである。ついに、子どもの親に対する心を開かしめたのである。

「長者窮子」の譬えで、子どもが親の財産を受け継ぐことを示したということは、親に対して心を開いたということである。自分も仏になる可能性を見いだしたということであり、仏性があらわれた状態になったということである。こういう状態を仏教では「仏性開顕」という。そして、親が保有する財産とは、仏の慈悲であり智慧であり、教えである。親の財産のすべてを受け継ぐということは、仏性が開顕されることによって、仏の慈悲心を体得し、仏の智慧を具え、教えを習得するというとであろう。そして、多くの人々を救済する菩薩行を実践できるようになるということであり、それが仏教での人格の完成に他ならない。父は根気強く待ちながら、子どもの人格を完成にむけて導いていたのである。

**子どもを学ぶ——成長を願い仏性礼拝行**

親はその大慈悲心から、子どもを発見したときにその子を早く屋敷に連れ戻したいと思い行動に移すが、最初、子どもは遣わされた使者を見て気を失うくらい驚愕した。そこで、次の手段として子どもと同じレベルの身姿の使者を遣わし、子どもが疑いなく帰ることができる環境を用意した。親は自分のやり方に強引に子どもを当てはめるのではなく、親自身が子どもを学び子どもに合わせて導く手段を使ったのである。ここで親は子どもに対する絶大なる親心を土台にして、子どもを学んで行動に移したのである。

我が子が屋敷に戻ってきてからも、親は子どもの精神状態や根性次第をよく理解し、その子に合った仕事を与え続け、励まし続けた。常に子どもの事をよく学びそれに合った処置を施したのである。そして、最終的には親は子どもをどこへ導きたかったのか。それは自身が保有する財産すべてを子どもが受け継いでくれることを望んでいたのであり、その段階までに人間的に成長するよう根気強く導いたのである。

しかし、その思いの根底には我が子にも仏性があり、この子もいつかは仏になることができるという親の思いがあったのではないだろうか。子どもの精神状態に合わせて導きの手段を変えていくという菩薩行は、子どもの仏性を拝む実践といえる。

### 安心と喜びを与え、共に喜ぶ――子どもと共に歩む

そして、親は人格の完成へと導きながら、常に安心と喜びを与えることを忘れてはいなかった。いつでも味方にいると安心させ、仕事に見合った賃金を与えては喜ばせていた。これは、教育の場に就いた子どもに対して安心とともに教育の喜びを与えたということである。それは教育を受ける喜びよりも、教育によって得られた喜びである。教育の喜びとは未知との出会いであり、新しい知識の獲得である。

それにも増して、思いもかけない成果を得たときに味わう喜びもある。譬えでは、「このすばらしい宝ものが、ひとりでに自分のものになった（今此の宝蔵、自然にして至りぬ）」（庭野日敬『新釈法華三部経』第三巻、改訂版、佼成出版社、一九八九年、三三〇頁）とあるが、これこそが教育によって得られる本当の喜びを表現しているのではないだろうか。教育によって想定外の出来事が突然目の前に現れる、という、言うに言われぬ喜びが待っているということ

である。

「長者窮子」の譬えは仏の弟子たちによって語られるが、彼らは人間の身でありながら「仏と同じ悟りや智慧」という宝物を得ることができ、無上の喜びを得たと語っている。それは、すべての人々を一時でも早く仏と同じ悟りを得させたい、という仏の思いを汲むことができた喜びである。それは同時に、自らも仏と同じように人を導くことができるようになるということでもある。自らの仏性の発見であり、それは自分も幸せにし、人をも幸せに導くことができるという発見で、人や物を大切にすることを第一義に考え行動できる自分に気づけた喜びであった。つまり、仏性が開顕されるとは、自他共に喜びを分かち合うことができることでもある。

## 引き出す――教育の成果としての仏性開顕

譬えでは親の導きによって子どもが喜びを得たとある。これは親によって引き出された喜びである。

親は子どもに自身の財産をすべて受け継いでほしいというハッキリとした教育目標を持って触れ合っている。だからこそ、迷いもなく子どもをじっくり見守り導くことができた。そこには親の慈悲に満ちた待つ姿勢があった。そして、子どもの成長（仏性の開顕）を信じてその子の状態をしっかり把握する親の姿があったが、それは子どもからの学びである。更に子どもに安心や喜びを与え徐々に子どもの人間性を高めていった。その導きによって、ついには子どもがもともと持っていた自身の能力が引き出され親の願いに沿うことができるようになったのである。これは子どもが持っていた仏性が引き出され、親である仏の意思にそって歩むことができるようになったともいうことができる。つまり、子どもの能力が引き出されるに至るまでには、親の「待つ」、「子どもを学ぶ」、そして「安心・喜びを与える」が含まれていることになる。

以上、「長者窮子」の譬えから教育に対する親の姿勢を「待つ」、「子どもを学ぶ」、「安心と喜びを与える」、そして「引き出す」の四つの視点から考察した。法華経に書かれている譬えは仏教の教えで仏の姿でもあるから、ある意味理想に近くとても現実とはかけ離れている感じがしてしまうが、それ以上にこれら四つの視点は現代の教育を考える上でキーポイントとなる視点になると思われるので、それらを意識しながら、以下に現実の教育現場を眺めたいと思う。

## 四　教育の現場で何が起きているか

不安定な日本社会において、実際の教育現場である家庭や学校の「教育される者」に何が起こっているのか、そこに「教育する者」がどういう関わりを持っているのか。そのすべてを知ることはできないが、上記の四つの視点を持ちながら、以下に家庭と学校についてみていく。

## 1　家庭では

毎日のように幼児虐待、親殺し、ドメスティックバイオレンスなど耳をふさぎたくなるニュースがアナウンスされている。

その中で、いまだに少年少女による家庭内殺人が度々報道されている。その加害者の多くは、中流階級で育った礼儀正しく、挨拶もキチンとできる、いわゆる「よい子」たちだという。普通に過ごしている子どもたちが突然凶行に及ぶのである。

その原因について、尾木直樹は現在の家庭内環境おける問題点を指摘している(尾木直樹『「よい子」が人を殺す――なぜ「家庭内殺人」「無差別殺人」が続発するのか』青灯社、二〇〇八年)。それは、家庭が子どもたちにとってほっとできる場所になっておらず、むしろ不安をあおる場所になっているというのである。「よい子」たちほど親の期待をひしひしと感じ、その強迫観念に押しつぶされそうになりながら生活しており、親の不安な態度を子どもが敏感に感じ取り、子ども自身がイライラを募らせているというのである。そこには親の精神状態の不安定さが伺える。親子のやり取りが以前に比べて極端に少なくなり、あるとしても合理的にしか物事をみることができない親にとっては子どもの精神的自立にあった触れ合いができない。子どもが不安定にならざるを得ない状況が家庭内で出来上がっている。

親子のいびつな関係の顕著なものが親の子どもに対する過干渉である。過干渉とは子どもに口うるさくあたることではなく、「不必要なところで子どもを管理し、おもちゃにすること」（草薙厚子『子どもが壊れる家』文春新書、二〇〇五年）もその一つである。子どもの意志を無視し、親が望むように子どもを作り上げるのである。このような親に対してでも子どもはその期待を一心に受けとめようと努力するが、自分の感情を親に出せないと感じた時、親の前ではいわゆる「よい子」を演じて心の中のバランスをどうにか保とうとする。

育児によるストレスが幼児虐待や育児放棄を引き起こす場合もある。虐待に関しては、最初、その行為に対する自己嫌悪や反省はあるものの、育児によるストレスの解消法が見出せない場合、その頻度と暴力性がますますエスカレートして、自分ではどうにもならない状態になる。育児放棄はストレスを解消させることに意識がのめりこんでしまい子育てに意識が戻らなくなる場合である。どちらとも、子どもが死に至ったケースがある。その第一の要因は育児をひとりでやっているという孤独感だといわれている。この孤独感が親自身のストレスを助長し歯止めがつかない状態まで持っていっているのであろう（汐見稔幸、前掲書）。

これらのどのケースにも子どもそのものよりも、ストレスを抱えて余裕がなく過剰な子育てに走らされている親の姿が見え隠れしている。何よりも親の「待つ」力が低下している。待つことができないため直ぐに自分の思いどおりに子どもに押し付けている親である。さらには子どもを学ぼうとしないため、ありのまま見ることができず、自分の理想通りに子どもを育てたいという欲望や情熱を過剰なまでにむき出しにしている親、親自身の余裕がないために子どもに安心や喜びを与えるどころか叱ってばかりいて不安ばかり与えている親の姿が確認できるのではないだろうか。

## 2　学校では

では、学校では何が起こっているのであろうか。

学校の現場では、子どもの考えていることが理解できないという教師が一九八〇年代以降増えている。

どういうことなのか。例えば、学校内である生徒が喫煙している現場を教師が目撃しその行為に対して注意をしたとき、その生徒は「タバコは吸っていない」と言い張る。事実を認めようとしないのである。教師が期待する応答が返ってこないばかりか、その生徒と全く「教師―生徒」という関係性がとれない状態に陥ってしまい、教師がどう対応していいのか頭を抱えているというのである（諏訪哲二『オレ様化する子どもたち』中公新書ラクレ、二〇〇五年）。

確かにこういう子どもたちは自己中心的であるといわざるを得ない。個性を大事にしなさいと言われてきた子どもたちは社会的価値観より私的な利益につながる価値観にしか意識が向かなくなっている。そういう私的価値観から校内暴力、いじめ、そしてひきこもりが起こっているというのである。

今の校内暴力は、内なる私である「この私」にしか理解できないものを他者にも分かってほしいという個人的な理由がそのほとんどである。「この私」しか見つめない個人が集まればそこに無意識的にいじめも起きる（内田樹『街場の教育論』ミシマ社、二〇〇八年）。「この私」に固執して、変化を嫌うようになり、心の純粋性を守ることを第一義とし、そのためにひきこもりという形をとる。さらには「何のために勉強するのですか」と投げかけも起こる。社会の一員として自立できるよう勉強させてもらえる機会を得ていることに対して何の価値も見いだしていない極めて自己中心的な発想である。

このような自己中心的な発想をする子どもたちを目の前にして教師たちはお手上げの状態にある。学校は集団社会の場であり集団行動が基本であったはずであるが、子どもたちの個性が発揮されればされるほど教師たちは一人ひとりへの対応に追われ、教師たちのストレスは増すばかりである。そういうストレス状態では、生徒は教師に問題を与える存在としか写らないのは当然であろう。

しかしながら、その一方で、現代の子どもの状態を学びきっていない教師像もあることは確かである。タバコ事件の件にしても、見方を変えれば教師が期待した反応が帰ってこなかったということであり、それに対する教師のコミュニケーション不足が指摘されても仕方がない。

確かに、学校で何か問題が起こったときに、いつも教師の資質が問われるが、学校は常に世間の厳しい目線にさらされているため、一生懸命教職に取り組んでいる教師ほどそういうストレスとして抱えている。そういう教師や学校に学びが足りないと攻めたところで何も解決には至らないであろう。むしろ、教師自身が安心や喜びを持てるようにならなければならない。それには自らが安心や喜びをまわりに与えていかなければならないが、そう言っても、ネバならないということでストレスを溜める原因になるだけである。

いずれにしても学校の現状はかなりストレスフルな状態に陥っており、子どもに対する思いが一方的で子どもの成長を待てない教師が多くなっているのではないだろうか。そういう教師は子どもを学べないし、安心や喜びを与えられないために、どうしても子どもの能力を引き出すことができない状態になってしまうのではないだろうか。

## 3　社会では

上で述べた家庭や学校で起きている問題以上に深刻なのが、「学び」からの逃走である。マスコミで話題になるような少年問題は全体のうち約一％にすぎないが、それよりも「学び」からの逃走の危機にある子どもは全体の七―八割に上っているといわれている（佐藤学『「学び」から逃走する子どもたち』岩波ブックレット、二〇〇〇年）。「学び」からの逃走とは学校における問題のようだが、家庭問題と密接に関係している。両親の離婚や経済的困窮で精神的不安をかかえたり、成績不振による絶望感から学びに対する意欲が全くなくなってしまうケースもあるという。

しかし齋藤孝は、日本人が学ばなくなったのは優れたものへの畏敬の念を持つという心の習慣、つまり「学び」へのあこがれを失ったから（齋藤孝『なぜ日本人は学ばなくなったのか』講談社現代新書、二〇〇八年）だと指摘する。日本人は仏教徒であろうとなかろうと「仏法僧の三宝を敬う」習慣を受け継いでおり、学びの仏法僧に対して敬意を払っていた。『論語』でいえば、その教えの大本を説いた孔子が仏であり、本文が法であり、それを直接教えてくれる人が僧である。日本では奈良・平安時代から、自分より優れたものに対して素直に畏敬の念をもち、心して教養を身につけてきたのであり、そういう学びへのあこがれがあった。現代は、かつての日本人が持っていた優れたものに対する尊敬や感謝の念が喪失した社会になっている、というのである。

学ばなくなったということは学びから得られる喜びを味わうことがなくなったということであり、学びによる成長がなくなったということである。そこからは、自らの能力を引き出し社会に役立てるという意志を持ちにくくし、さらには人と価値観を共有し、他者や社会に対する敬意の念を持つことが難しい状態なるということがいえる。つまり、畏敬の念を持てない社会では人々は人格の完成を意識することなどできないのではないかということである。そういう人々の意識が子どもたちに影響を与えないはずはない。子どものあらゆる能力を引き出し可能な限り調和的に発展し完成を目指す人格の完成が教育の目的だとしても、それどころではないのが現代日本の社会であるといえるかもしれない。

## 五　引き出される教育

そういう現代の社会の風潮を打破するには大人が自ら学問に対して畏敬の念を持ち学ぶ姿勢を示さなければならないのではないだろうか。自らが人格の完成を目指して、寛容になり、優れたものから学び、それによって喜びを得、能力を発揮していくのである。

その一方で、他者との関係を無視しているとしたら人格を形成することは難しい。仏教では縁起という教えがあり、それによると、人間というのは他者や社会との関係性を持つことにより築かれていくものであり、その関係性を無視しては人間らしい人間は育たないし人格を形成する社会は築かれないということができる。人格の完成には四つの基準――真理、道徳、芸術、宗教があり、そのどれもが人との関わりなしには成り立たない徳目である。人格の完成が教育の目的だとしたら、それは他者そして社会との関わりを通して達成されるものである。人格の完成のためには人と人とが交わる場が真の共同体になる必要があり、それは単に人が集まるだけの場ではなく血の通った関係からなる共同体になることである。そのためには他者との関係で「待つ」こと、「学ぶ」こと、「喜びを与える」こと、そして能力を「引き出す」ことのできる関係になることが必要であろう。

第二節にて子どもの心が親に対して開く過程、つまり仏性が開顕するに至る過程をみたが、そこでは「待つ」、「学ぶ」、「喜ぶ」、そして「引き出す」という四つの視点を確認した。ここでは現代の教育現場においてのこれらの視点に置き換えて、どのような効果的な教育があるかを見ていきたい。

## 1 家庭

### 変わる親——待つ、学ぶ親

家庭は子どもが生まれて初めて出会う社会であり、子どもの全人格を教育する基盤となるところである。親でなければできないことが行われるのが家庭での教育である。川越淑江によると、しかしながら、親になるということは子どもから学ぶ姿勢が大事で、子どもと共に育つという自覚が必要だという。親は子どもが生まれて初めて親となるので、はじめから完成されているわけではなく、親は子どもをどのように育てるかよりも、子どもをいかに学ぶかに重点を置くことは極めて自然なことである。子どもを学ぶとは子どもが何を考え、何を欲しているのか等、子どもの実態を知ることから始まる（川越淑江『親のための家庭教育講座』一九九二年）。

そして、親として育った証は、子どもの「育つ力」がどれだけ引き出されたかにある。しかし、これは一足飛びには実感することができないので、根気強く失敗して失敗して経験を積みながら会得していくものである。だから、少しでも子どもの「育つ力」が引き出されたら子どもと一緒になって喜んで挙げられたらいいのである。親に喜んでもらうことによって子どもは安心してますます親についていけるのである。「親が変われば子は変わる」と川越は述べているが、親が育った分だけ子は育つというのはこのことであろう。

これは、子どもの「育つ力」が引き出されるのを待てるかどうかにもかかわる。何もしないで待つのではなく、子どものことを学びながらさまざまな手を尽くしながら「育つ力」が引き出されるのを待つのである。子どもの「育つ力」が引き出されるとは、親はどれだけそれを待てるかという事と、どれだけ子どもを学ぶかという事と、どれだけ喜んであげられるかという事が含まれているようである。

## 内なる愛、仏性に気づく——引き出す親

子どもの「育つ力」を引き出す一つの方法として「ほめる」やり方がある。ほめ上手な親になるということである。これには技がいる。日頃から、叱ってばかりいる親は子どもをほめる点がなかなか見つからない。事実、最近では子どもをほめることができる親が少ないといわれている。ほめるとは「ありのままのあなたでいいんだよ」ということであり、相手をそのまま認めて励まし、応援することである。しかし、往々にしてもっとこうしてほしいと要求を含めてほめるときがあるが、それは相手に自己否定を感じさせる。結果的にはありのままを否定したことなり、前進するエネルギーにはつながらない（親野智可等『今すぐ！ほめ上手な親になれる本——勉強もしつけもこれでOK』中公新書、二〇一〇年）。

ほめることは親が子どもに対して行うが、実は親が自分自身に対して行うほうがより効果的である。ストレスを抱えた現代では家庭は親自身が自己否定になりがちであり、これは子どもにも影響する。それを根本から改善するには親自身が自己を肯定し、親自身をほめるようにすればいいのである。自分自身をほめて、受け入れていくうちに自分の中にある大きな愛に気がつくようなる。

この大きな愛とは、仏教でいうなら自身の内にある仏性であり大慈悲心ということができな

いだろうか。その大きな愛、又は仏性が発動すれば、子どもに対するその影響は大きいといえる。自分が気がついたその大きな愛をもって子どもに接することによって子ども自身が自然と変化していく。いわゆる、「自分が変われば子どもも変わる」という実感も得られるようになるという（手塚千砂子『ほめ日記――子育てハッピートレーニング』三五館、二〇一〇年）。

子どもは、ほめられることで自分自身を肯定することができるようになる。それが、心を安らかにし、喜びになり「育つ力」になる要因になるのではないだろうか（親野智可等、前掲書）。

## 2　学校

### 教えない――学ぶ教師

学校は子どもが家庭から出て初めて体験する社会的集団で、そこでの集団生活や人と人との関係がその後の人生に大きく左右する大切な時期でもある。それゆえ、学校において「教える者」である教師の役割は大きいといえる。

では、子どもに大きな影響を与える教師には何が必要なのであろうか。それについて校長職を長年勤めた北村俊一は一人前の教師になるためには、自分が生徒に教えているとしても、生徒から教えられていたのだという気づきを得ることが必要だと述べる。それは熱心に教職を務めているうちに、ある日突然、その気づきに至ることができ、理屈ではなくて、体感するものなのだというのである（北村俊一「中等教育の現場から「教員としての心構え」」、人間と科学研究学会企画編集『人間と科学』第一七号所収、二〇一〇年）。

それは、教師には学ぶ姿勢が必要だということであろう。当然、子どもが学ぶようにならなければ、教師側の「教える」が成立しない。いかに「教える」かは、どれだけ教師が子どもを学ぶかにかかっている。絶えず変化している大勢の多種多様の子どもたちをよく見て学ばなければ、子ども一人一人の変化に対応できない。そのとき「教える」側がいかに対応するべきかを子ども側から教えられているということである（柴田義松編『新・教育原理』改訂版、有斐閣双書、二〇〇三年）。

さらに、究極の教授法が「教えない」ことだという。それには子どもたちに対する深い洞察と豊かな対応がなければならない。子どもたちが自らの意志と行為を持って教師に接近するのを待ち続けるのである。そして、教師との出会いによって子どもたちは自ら学ぶのである。そ れには主体的に子どもたちから学ぶ教師であらねばならない。「教えない」とは、「子どもを学んで」いる者にしかとれない「教え方」である（武田常夫『真の授業者をめざして』国土社、一九九〇年）。

## 無言の導き――引き出す教師

ここで、教えない教育の具体的な取り組みをした中学校を紹介しよう。

ロボットコンテスト（以下、ロボコン）を採用して、荒れた学校から模範校に変わった、青森県八戸市の第三中学校である。ロボコンとは「手づくりロボットによっていろんな課題をチームによって行う競技」である。ロボコンのエキスはなんといっても「競技という結果よりも、そこへいたるロボットづくりの過程にこそある」（森政弘『今を生きていく力「六波羅蜜」』教育評論社、二〇〇九年）。生徒たちはその過程でいろいろな気づきを得る。「すべては正反対のものによって支えられている」ことやものごとに打ち込んでいると時間が停止することなどで、「苦しく楽しかったロボコンも、あっという間に過ぎ去ってしまった。」という生徒の一文にそれがよく表されている。

ロボコンは四人で一チーム作るが、各メンバーは勝ちたいがためにお互いに我がでて衝突が起きる。しかし、先生は仲裁には一切入らない。そのうち、いつまでも我を張っていては勝つことができないと悟り、子どもたちは自然と相互理解、ゆずり合い、協力の大切さに気がついていく。生徒たちはロボコンで人間関係を自ら学ぶのである。

ロボット作りに夢中になり、「われを忘れて」それに打ち込むことによって子どもたちのこころが物と一つになっていく。そして、人や物に対する見かたが変わる。そこには「やらされている」という気持ちがなく自ら進んで自分のこととして取り組んでいる状態だからこそ出現する世界である。

ロボコンで教師が与えるのは時間と場所である。後は、教師は待つのみである。あとは子どもたちが自ら考え形にしていく。子どもたちが自ら学び思いがけない何かを得る。そこには大きな喜びがある。それは子どもたちの喜びであるが、それを引き出だしたのは教師の無言の導きである。その教師の無言の導きによって子どもたちの「育つ力」が引き出されたと言っても過言ではない。

## 六　人格完成への努力の完成へ

ここでもう一度冒頭で述べた、教育基本法が示す教育の目的である「人格の完成」について考えてみる。

一言で「人格の完成」と唱えても、抽象的なイメージをどのように具体化するかはその場面での人、場所、そして時間によってさまざまである。そうであっても、「人格の完成」に達成することは極めて困難なことである。

ある意味、宗教的観念を含んでいるということもあるので、宗教を持たない人々には達成不可能なもののようにみえる。ではどう考えればいいか。そのヒントとなるのが宗教社会学者の森岡清美が示す「人格の完成」への歩み方である。

森岡は「人格完成が達成されれば、人格完成の努力も完成することはいうまでもないが、人格完成が成就しなくても、今の努力でよいと寛大に許してもらうことができたなら、人格完成への努力が完成するのではないだろうか」と述べる（森岡清美「開祖さまに学ぶ人格完成への道」、立正佼成会開祖記念館主催「第四回開祖記念館公開講座」資料、二〇一〇年六月五日）。

この考えからすると、「人格の完成」という最終的な目的は達成できなくても、「人格の完成」の具体的な指針に向かって努力するということが認められれば、それは「人格の完成」の目的の一つが完成されるのではないかということである。たとえば、「人格の完成」という教育の目的が「教える者」にも「教えられる者」にもはっきりと認識され方向性が定まり、その歩みを誰もが認めることができたとすれば、それが「人格の完成」への努力が認められたことになり、ある一定の成果が出たことになるのではないだろうか。

人間は一人で生きていくことができないのであり、人格は対人関係を通して一段と磨き上げられていく。対人関係を通して思いどおりにならない出来事と出会い、自ら反省し懺悔して、さらには人の非を忍受し寛大に赦し赦されることをして自らを磨いてゆくのである。自分のことだけではなく、他者や社会のことなども考えて行動できること、さらには、自分のことはさておき、まずは他者のことを第一に考え行動できることこそが人格が高いと見なされるのではないだろうか。そういう人間を育成することが教育の目的だということになる（森岡清美、前掲資料）。

しかし、ストレスフルな家庭や学校において対人関係こそがその元凶ではなかったか。虐待や育児放棄をする母親、「よい子」になりすます子ども、暴力に訴える生徒、生徒の多様性に対応できない教師等々、もう絶望的な状態が家庭や学校で蔓延しきっているのではなかったか。

実はその絶望的な状態の中でこそ人間としての学びがあるのではないだろうか。人は人との関係の中で成長もするが後退もする。世の中、幸か不幸か不完全な人々ばかりである。みんな何かしら失敗を繰り返しながら何かを学んでいるのである。みんな不完全な中でしか学んでないのである。だから、いい意味での諦めが必要なのであろう。そして何と言っても、一人では生きていけない、人は他者の助けなしには生きられない存在であることの自覚が必要なのではないだろうか。そこに教育が関わっているのである。

だから「教える者」は失敗を重ねてもそれが学びだという意識を持ちながら、教育の理念を持つことが大事なのである。そういう理念を持った「教える者」が「教えられる者」に触れ合うならばそこには教育が成立し、その理念の実現に向かって共に歩むことができるのではあるまいか。その理念が「人格の完成」であるならば、そこへの具体的な努力が提示され、それを人と共に精進しようという姿勢に「人格の完成」の道があるのではないだろうか。これは一つの希望の光である。「人格の完成」はとてつもなく険しく、遠く到達不可能な地点にある。だから、「人格の完成」への努力の完成という視点が必要なのである。

絶望的な中にあっても人と人との関わりから得られた喜びを、たとえほんのわずかでも感じることができたら、それはこれから生きていくための光になるのではないであろうか。人は大なり小なり何かしら喜びを感じたことはあるであろう。どうにもならない状況にあっても、人は生きている限り喜びを感じる能力は失われない。なぜなら、人は人と共にあることによって人間となる、と同時に、人は人に喜んでもらいたいという思いを潜在的にせよ顕在的にせよ生まれながらに持ち合わせている存在だからである。その気づきに至るまで待ち続けるのである。人が気づくまで待つこともそうであるが、自分自身が気づくまで根気強く待つことも大切なことではないだろうか。自分自身を待つのである。教育とは自分自身を待つという学びでもあるのではないか。そういう学びによる喜びを味わうことができたら、未来に希望を持って生きていけるのではないだろうか。

「人格」は人と人との関わりによって「完成」に近づくのであるが、実は、家庭における親や学校における教師はたまたま目の前にいる子（家庭）や生徒（学校）との関わりによって自分自身の人格を高める機会を与えてもらっているのである。このことに親（家庭）や教師（学校）が本当に気づけたなら、そういう大人と関わっている子（家庭）や生徒（学校）は無言の内に人格の完成に向けての歩みを引き出されているのではないだろうか。

未来に希望を持つということは、「今、ここ」を希望をもって生きることである。未来に希望が持てないから、「今、ここ」に希望が持てないのではなく、「今、ここ」を希望を持って生きていないから未来に希望が持てないのであろう。そういう意味では、いかに人々との交わりの中から、自分自身を待ちながら自分という大切な存在に気づいて、それを大慈悲心によって受け入れ、喜びという光を味わい、大きな希望を引き出し、今という時を生きることができるか。

人格の完成の努力の完成と共に、いかに今を生きるか。それが、教育の現場では問われているのではないだろうか。

第六章

# 「仮」なる生命を見守る力を育む

## 考える生命から、感じるいのちへ

【生命倫理】……………浦崎雅代

# 一　はじめに

医療技術の飛躍的な進歩によって、現代の日本社会に生きる私たちは多大な貢献を受け続けている。身体の調子が悪くなれば、薬局には様々に開発された薬が並んでいてたやすく手に入るし、病院へ行って治療を受けることも当たり前の日常だ。だが、こうした日常はいまだ世界の多くの国では当たり前ではない風景である。発展途上国の人々のなかには、日本であれば医者にかかれば容易に治るような病気で命を落とす人もまだまだ多い。こうした現実を目の当たりにすると、日本に生まれ落ちた私たちがいかに恵まれた社会の中にあるのかを思い知らされる。

しかし、そのように恵まれた環境の中にあっても、否、もしかするとあまりに恵まれすぎているからこそその、生命に関する複雑な問題が生じてきている。人間の寿命という、生命の絶対的な長さ（いわゆる量）については豊かにすることができても、人々の生き方や日々の生活などの生命の相対的な価値（いわゆる質）に関しては、必ずしも豊かにしてきたとはいえない。それはたとえば「生命維持装置を使ってただ単に機械につながれたままでいることは、本当にその人自身の命を尊重した行為なのだろうか」という、クオリティー・オブ・ライフ（生命の質）の問題と直結している。こうした分野には人々の関心も高まってきているが、残念ながら数学の答えのように、誰もが納得する唯一の正解は用意されていない。

本文では、「生命の質」をどのように捉えるかを問題意識として、「仮なる生命」観に基づいて二つの視点で考えていきたい。一つは、自らがどのような生命の質を求めていくのかについて。もう一つは他者の生命の質をどう考えるのかについて、である。前者についてはウィパッサナー瞑想を中心とした仏教伝統に基づいて考察し、後者についてはある中学校での授業実践例に基づいて考察する。これらは、仮なる生命をどう主体的に考え、感じられるかという点で共通しており、そこから「考える生命から感じるいのちへ」という学びの重要性を指摘していきたいと思う。

## 二　生命観に関わる問題と宗教に求められる生命倫理観

「生命の質」問題は、最先端の医療技術を使用することと、生命に関する倫理観との間に葛藤が生じることから起こる。言い換えるならば、「行なうことは可能だけれど、果たして行なっても良いことなのだろうか？」ということになるだろう。

私たちは肉体を持ってこの世に生まれてきている。その肉体を快適な状態に保ちたいという思いは誰しも同じであろう。人としてのそうした共通の願いが現代の医療技術を大きく発展させてきたともいえるのだ。その願い自体は尊いことである。しかし、ともすると肉体をより長らえさせることにのみ価値を認めてしまいがちだ。生命の長さに執着した、肉体至上主義的な見方ともいえるだろう。

しかし私たちは単に肉体の長さだけで幸せが測れるだろうか。

たとえばあなたが病を患い、手術をしても助からない確率が高い場合を想定してみよう。どうしても助かりたいと思うあなたがいたとする。医者も当然助けてあげたいと願い、治癒するためにあらゆる努力をするだろう。しかしその時にあなたは、ただ単に命の長さに対する問題にのみ直面しているのではない。あなたがどういう思いでこれまで自らの命を処してきたか、今どういう思いでいるか、将来どうしたいのか、という価値観そのものが問われている場でもあるのである。

私たちの生命を構成しているものは、実は肉体だけではない。目に見えない心とともに私たちは常にいるのである。

高度に医療技術が日々発展し、肉体をある意味人間の思うように変更させられる力を得ている現代社会は、誰もが「生命は肉体だけではない」という生命そのものの本質に向き合うことが要求されている時代なのかもしれない。そのような時代にあって私たちは、よりよく生ききるために自らの生命からどのような学びを得ることができるだろうか。

## 三　生命倫理に対する仏教の姿勢

生命倫理に関する諸問題が複雑さを増すにつれ、医療現場から宗教界に対して宗教的観点からの生命倫理に関する見解の提示が求められてきている。多くの宗教的伝統が持っている生命への倫理観をどのように現代社会の問題に当てはめていけばいいのだろうか、という医療現場からの問いである。

実際には、多様な宗教が存在する分だけその生命倫理に対する価値観も変わってくる。一神教の宗教が説く「人間は神によってつくられた」とする世界観と、東洋とりわけ仏教のように唯一の絶対なる存在を想定しない世界観とではやはり生命に関する価値観は違う。ただし、仏教の中にも生命に関する多様な価値観が存在していることを予め述べておく。たとえば、唯一の絶対なる存在を想定しなかったブッダに対して、ブッダ滅後ののちに起こった大乗仏教運動の中で、久遠本仏や阿弥陀仏などのいわゆる「永遠なる生命の現れ、または普遍的な存在である仏」が想定されるようになった。このことによって、仏教は現実に苦しむ人々の救いに大いなる貢献をしてきたといえる。だが、これらの仏たちは解釈によっては一神教の神的な存在、絶対者に近くなることもありうる。ここでは生命についての比較宗教論が目的ではないためこれ以上の言及は避けるが、ここで述べたいことは、どの宗教に対しても現代社会における生命の本質的な課題が問われているということである。ただその問いには、改めて言うまでもなく簡単には答えが出せない。

本稿では、仏教の生命観を紹介するが、生命倫理に関するあるテーマを取り上げて、それが仏教の教えとどのように合致するかという視点では論じない。もちろんそうした視点で仏教と生命倫理についての考察を行なった研究はあるが、本来仏教そのものが、「これこれの教えに従うべし」という教条主義的な立場から離れていると筆者は理解している。ブッダが大切にしてきたのは、物事の真理や原理原則を明らかにし、その理解と体感を通して人生の醍醐味を味わい学びつくすということである。

## 四　仏教の生命観

### 1　ブッダが観た生命の世界

ブッダが人間をどのように観ていったか、まず紹介したい。仏教では、人間の生命をいくつかの構成要素に分けて考える。一番簡単な分け方は身と心の二通りである。身、すなわち肉体を具体的なものとして捉えて「色」と呼び、心を抽象的なものとして捉えて「名」と呼んでいる。いわば物質的なものと精神的なものといいかえてもよいだろう。

苦しみをどうしたら乗り越えられるかというブッダの問題意識は、生命の本質的な洞察へと導いたといえるだろう。そして人間が持っている肉体と精神に関する洞察を通して、苦しみと向き合い、そこから乗り越える術を見出した。

ブッダはより精緻に身と心とを分けている。医療者をはじめとする肉体を取り扱う科学者が、肉体を様々な器官に分けて考えるのと同じように、ブッダは心の方をより詳細に分析して体系化している。そのうちの最も基本的な体系が、五蘊《ごうん》と呼ばれるものだ。人間の生命を五つの構成要素に分けており、そのうちの四つが心に関する要素である。そこからブッダがいかに心について詳細に洞察していったかが読み取れる。しかし心というと日常の私たちにとっては、あまりに身近すぎて、そして漠然としていてほとんど意識することはない。身体を鍛えるアスリートたちは、身体のことをよく知り、そしてその能力を十分に活用して様々な場面で活躍している。それと同じように心の方も、その構成要素を知り、特徴を知り、これまで開発されることのなかった能力を開発することができるのである。このように述べると何か特別な能力開発のように思われる方もいるだろうが、ここで扱うのはそのような能力のことではない。

私たちの心は普段、留まることなく動き続けている。例えば、「今日はあれを食べたい。明日はこれを食べよう。あの人は今どうしているだろう。私の仕事はこのやり方でうまくいくのだろうか。今日はなんて幸運な一日だったんだろう。あの人にこんなことを言われてもう腹が立ってしようがない……。」など、私たちはあえて口に出さなくても、心の中で何か常に呟いている。またそれに伴って気持ちが和らいだり、反対に怒りや憎しみがうまれたりという、感情的な側面でも揺れ動いているのが日常ではないだろうか。ブッダは、こうした心のあり様を、あたかも虫眼鏡で見るかのように、ありのままに見守りながら観察していく。

## 2　五蘊

人間の構成要素を具体的に五つに分けた五蘊とは、以下の通りである。「蘊」とは集まり、集合体を意味する。

①色

物質をつくるすべての構成要素。形のある物質的な身体と身体のすべての行為をさす。

②受

感受と感情。私たちは、五官（眼・耳・鼻・舌・身）を通して外の世界の情報を感じ取る。感じ取った後には、その感じが苦しみであるか（苦）、心地いい感じであるか（楽）、あるいは苦しみでも心地よくもない感じか（不苦不楽）の三つに分かれる。

③想

認知。「これは○○だ」と認識し、定める働き。あるいは知ろうとすること。眼・耳・鼻・舌・身・意の六つの認識のそれぞれの方法に応じている。

④行

思考・意図、意志。意志が働いて心を善、悪、中立にする様々な構成要素、あるいは特性を表す心の作用。

⑤識

五官と心を含めた六つの感覚器官に、対象が接触したときに生じた意識を了知すること。すなわち、見ること、聞くこと、嗅ぐこと、味わうこと、身で触して知り、心で触してその働きを知ること。

私たちはとかく、真の自分がどこかにあると思い込みがちだ。しかし、ブッダの洞察によると、真の自分や自我などと呼ばれるものも右記の五蘊に集約される。それ以外に別の自我が存在しているのではなく、これらの五蘊がそれぞれに関係しあい、依存しあって仮に成立しているものが私たちの正体であると述べている。

私たちの思いこみは、時に自分でも思いがけない苦しみを生じさせる。とりわけ自分のものだと思い込んでいた自らの身体が思い通りにならないという体験をした人は、先述の五蘊というありように図らずも直面する機会があったといえるのではないだろうか。これらの五蘊は日常生活の中では意識されにくいものである。実際にはこれらは瞬く間に生じては滅し、生じては滅しているので、そのありように気づくのは容易ではない。この五蘊は、まるで人間を解剖してみているかのごとくに、「じっとしている状況、あるいは止まっている状況」として要素に分けている。

このように分けて考えることで、私たちは真実を分析して理解しようとする姿勢をつくることができる。それは私たちが生命を理解しようとする上で大切な姿勢であるだろう。

### 3　四法印の視点から

ブッダが悟られた真理の法のうち、最も根幹をなす法則を四法印という。私たちが見聞きし体験する現象すべてに当てはまり、この法則に例外はない。その法則とは、諸行無常、諸法無我、涅槃寂静、一切皆苦の四つである。この法則自体は、ばらばらに存在しているわけではなく、それぞれお互いがすべて明瞭につながっている。

おそらくこの四つの中で比較的実感をもって理解されやすいと思われるのが「諸行無常」の法則であろう。ご存知のように、物事は常に変化しており、一つとして変化しないものはないという意味である。モノや情報などの変化が著しい現代においては、より身近に感じる法則ではないだろうか。

次に実感を伴った理解が容易なのが、「一切皆苦」だと思われる。人生において苦しみなきことはない、という法則だ。試しにほんのしばらくの間、過去を反芻してみてほしい。苦しい思いの一つや二つ思い浮かべることは、誰にとってもそんなに難しいことではないはずだ。

少し話は脱線するが、この「苦しみ」の語源は「不安定であること、あるいは不完全であること」の意を含んでいる。これはこの世界が不安定で不確実なものであるにもかかわらず、その真実をはっきりと観て理解することなく安定や確実さを求めるがゆえに、苦しみが生じるということを表している。

苦しみをいかにして乗り越えるか、苦を入り口として人生の学びをいかに豊かにしていくかが仏教のメインテーマである。これは仏教のどの教えにも関連する重要な事柄であり、現代社会の問題とも密接に関連することであるので、後ほど改めて述べていきたい。

「涅槃寂静」とは、この一切皆苦を乗り越えた境地として説かれており理想の境地として描かれる。筆者は涅槃寂静の体感は、今ここにある苦しみを乗り越えた時の状態として起こるものと理解している。ゆえにしっかりと苦を理解することの方に重きを置いて考えていきたい。

さて、最後に残るのが「諸法無我」の法則だ。すべての物事は関連しており、一つとして独立して存在しているものはない、との意味である。この説明だと一見わかり易く、すぐに納得できるように思われる。とりわけ「すべての物事は関連している」という解釈はほんのしばらくの間私たちの身の回りに起こることを想起するだけで、「あー、このこととあのことは関連しているな」とピンとくるだろう。しかし「無我」をそのままの意味である、「ひとつとして「我」というものはない、すなわち「自我」はない」と聞くと、どれだけの人がすぐにピンと納得するであろうか。

筆者は、幼い頃から仏教に触れ、この教えを幾度となく聞いてきたが、少なくとも筆者にとってより深い意味での「無我」はしばらく納得できなかった。自我がないとはどういう状態なのか。私という存在は今ここでこうやって明らかに存在しているのに、それがないというのか。ない状態の方が善いことなのだろうか。あるいは「自分の我を取れ」という仏道修行の目標か、そうだとしたら我を取るためにはどうしたらいいのか、など次から次へと疑問が生じていた。無我の理解や体感について、日常の意識状態のみで実感を伴って獲得することは難しいのではないかと考える。

しかし生命を考える上では、この無我の理解が重要になってくる。なぜなら無我の体感の本質は、「今ある生命は仮なるもの」という認識にあるからだ。すべてのものの状態には、固定された「我」があるわけではない。我がないからこそ縁によってどのようにでも変化することができる。そうした仮なるものを仮なるものと認識できずに、そこに「我」という縛りをつくって執着してしまうので苦しみが生じてしまうのである。無我という真理を日頃から実感を伴って生きていくことができれば、自らにとっても、他者にとっても、その総体としてある社会にとってもより有益なものになるのではないだろうか。

筆者は以前、障害を持ったタイ人の、カンポン・トーンブンヌム氏の自叙伝を翻訳したことがある。体育教師だったカンポン氏は二四歳の時、飛び込み競技の模範演技中に失敗して頸椎を損傷し、全身麻痺の状態となる。身体の自由がきかなくなった彼は、失意ののち仏教の教えに興味を抱くようになる。そして心に生じてくる苦しみをいつしか滅していきたいと真剣に思うようになり修行を始めた。彼は心の修行を積んでいくうちに、心と身体をしっかりと見極めようになる。そして、「障害があるのは私の「身体」であって、私は障害「者」ではない。心にまで障害を負う必要はまったくないのだ」という悟りを得た。彼はまさしく身体から自由になり、同時に心も自由になっていったのだった。彼の気づきのポイントがまさしく「無我」であり、私の身体は仮なるものという真実を見抜いたことであった。

ありのままの真実の法則に気づくという、とてもシンプルなことだが実は人生の荒波を生きるのに大きな力を持つ。それは生命という最も身近なものと密接に関係しているのである。

## 4　無我の体感的理解

私たちは、「私のもの」という言葉をよく使用する。私の本、私の家、私の学校、私の国、私の身体、私の考え、などなど。「私のもの」という枠を当てはめて考えることは通常の意識では問題にならない。私は私として認識し、今目の前にいる人は私ではなく他者であるとしっかりと認識しているからこそ、それを前提として世の中が成り立っている。

しかし、その「私」は仮なる存在であるというのが無我の法則である。それを実感するのには、ほんの少し微細な感覚で物事を観察してみてほしい。一番身近にある、たとえばあなたが今している呼吸。吸う息、吐く息、吸う息、吐く息……、一回一回の呼吸をゆっくりと眺めるようにしてみてほしい。どのようなことを感じるだろうか。ほとんどこれまで意識することのなかった呼吸を意識することで、息苦しさや違和感を感じる人もあるだろう。また呼吸の長さや深さ、浅さが気になる人もおられるかもしれない。あるいは、しばらく呼吸を意識することで呼吸そのものとあたかも一体となったかのような瞬間を感じる人がいるかもしれない。

私たちは生まれてから死ぬまで必ずこの呼吸を続けている。呼吸が止まるとき、私たちの生命も消滅していく。それは誰にも避けられない。ではこの呼吸は一体誰のものなのだろうか？だんだんと呼吸をよく見守っていくと、「私の呼吸」という意識から、ただ吐く息、吸う息を見守るようなありのままに見守る意識が生じてくる。「私」という意識からほんの少し離れた瞬間である。一呼吸、一呼吸、出ていく息、入っていく息を観る。一つ一つの息には、始まりがあって、終わりがある。一回一回呼吸のサイクルは起こり、また消えていく。そのような現象の繰り返しによって私たちの身体は実際に支えられている。ただ、この意識も長くは続かず、「私の呼吸」という意識が働いたとたん、「私の呼吸は浅い、私の呼吸は長い……」などという思考の枠が入り込んでくる。無自覚でいるとそこに裁きの思考が生じてくる。浅いのは悪い、深いのは良いという裁きである。あるいはそうした裁いていることすら意識することなく私たちは多くの事柄に無自覚でいるのが普通である。

これまで「私のもの」と思っていたものを、「私」という意識を手放しながら見守るには、しばしば訓練が必要となる。そうした見守る力を鍛え、ありのままに観る力を育む瞑想がブッダが示した修行の方法の中に伝わっている。ウィパッサナーと呼ばれる瞑想である。タイやミャンマーなどに伝わっている上座部仏教では、ブッダのそうした瞑想の伝統を現在も保ち続けている。これを次節で詳しく述べていくことにする。

## 五　生命の感じ方――意外に難しい「ありのままを観る」

瞑想というと、日本では「坐禅のようなものですか？」とよく質問される。しかし、ウィパッサナー瞑想とは「ありのままに観る、感じる意識の技法」ともいえるもので、必ずしも座ることを意味せず、意識の向け方であり、ブッダが行なった修行法の一つでもある。

そこで、重要になるのが「気づき」なのだが、仏教用語では「念」である。念というと念仏などをイメージする方が多いと思うが、何かを唱えたり、イメージしたりするのではなく、「今、ここで何が起こっているのかをしっかり感じる」ということである。「念」という漢字をよく見てみれば、「今と心」、すなわち「今の心」を意識することが「念」なのである。

瞑想について少し説明しておこう。瞑想には大きくわけて、止（パーリ語でサマタ）と観（ウィパッサナー）の二種類がある。止とは英語でいうとコンセントレーション（concentration）、すなわち集中、それに対して観はアウェアネス（awareness）またはマインドフルネス（mindfulness）である。止の瞑想は、ある一点に意識を長時間集中して心身を静めていくことを目的としており、観の瞑想は、起こってきた思考や感情をありのままに見ていくということを目的としている。日本では「無になれ、雑念を起こすな」ということが強調されがちであるが、観のイメージは無になるというよりも、雑念とひとくくりにされがちな自分の中に起こる要素一つ一つをもう一つの意識の目で見つめるといった感じである。

では、何を見ていけばいいかについては、『マハーサティパッターナ・スッタ』（大念処経）において以下の四つが記されている。身（身体）・受（感覚）・心（思考）・法（真理）の四つである。ただただありのままに起こってくるこれらの様子を見守ることができるように、意識を留めておく練習である。

具体的な方法については、以下のようなものが行なわれている。

①呼吸を観る

一般にアーナーパーナ・サティと呼ばれる方法であり、鼻筋に意識を向けるやり方やお腹のふくらみとへこみに意識を向けるやり方などがある。意識すると呼吸がしにくくなる人もいるので、まずはリラックスした態勢をとり、呼吸をコントロールせずありのままに観ていくことが大切である。逆にありのままに観ることが難しい方にとっては、数を数えながら吐く息、吸う息を意識することからはじめてもよい。数を数えることが中心ではなく、あくまで呼吸に意識を向けていくことが重要である。

②歩くことを観る

歩行瞑想は、一歩一歩意識化しながら歩いていく方法である。歩くスピードについてはゆっくり行なってもよいし、日常で歩くスピードで行なってもよい。歩くことによって意識を今ここに戻していくのがポイントである。

③身体の各部を感じ取り、観る

静かに目を閉じて座り、頭の先から足の先まで、身体の各部分に研ぎ澄ました意識を向けていくやり方である。緊張しているところがあれば、それに気づき、意識的にリラックスさせてもよい。感覚に意識し続ける方法のため、集中力も必要である。最初から一人でやるのが難しければ、複数人で行ない、誰かが言葉でインストラクションをする形をとるのも効果的である。身体の部位によっては、「感じたくない」「見たくない」という意識が生じてくるときもあるが、そうした意識が生じたらそれにもまた気づき、温かく自分自身を見守るようなまなざしを向けるのが大切である。

④食べることを感じ、観る

私たちは日々食事をし、他の生物のいのちを頂いて生きている。だが、実際には「食べることに意識を向けること」はおろそかになりがちで、社会的な価値観に合わせて食べていることが多い。例えば「早く食べなくては」「残さず食べなくては」「何種類の野菜と、何カロリーにおさえなくては」「食事の際にはコミュニケーションをとりながらが大切だ」などといった、ありのままの食以外のものに意識が向きがちである。もちろんこれらも大切ではあるが、今、ここで味わっていることにしっかりとただ意識を向けていくことで、様々な気づきが生まれてくる。ニューエイジ的な運動の一つマクロビオティックと呼ばれる玄米を中心とした食生活法、食事療法の一連の運動では、食するときに数十回噛むことを奨励されている。しかし、食べる瞑想では、回数よりも一噛み一噛みを意識することを主とする。

これらは日常生活を瞑想的に行なうという意味において、ほんの一部である。まずはこうした身体へのありのまま意識化によって、私たちがいかに今ここに意識を持って味わうことなく過ごしているかが浮かび上がってくることが多い。

ありのままの体験そのものよりも、思考が私たちの主になりつつあるのである。思考自体は否定すべきものではないが、「こうすべき、ああすべき」といった思考、無自覚に引き起こされる過去や未来へのとらわれなどが次第に明らかになってくる。それには多くの場合、各人の自覚化されない価値観が自動的に付随し、瞬時に善悪の判断が下される。これはいいこと、これは悪いこと、と。

それは社会生活を営む上で私たちが身につけてきた重要なものであるが、えてしてそれは無自覚なジャッジとなって自己を、そして他者を瞬間的に裁いてしまう。いや、むしろ裁いていることすら気づかないくらいの速さで裁きの思考が起こってくる。こうした善悪の伴う思考をいったん保留にし、ありのままに観ることを経て、再度、善か悪かを見極め選択する心の空間を広げることが、瞑想にとって重要な気づきとなる。

私たちは生命というと、とても抽象的なもののように感じてしまうが、実際には上記に代表されるものがまさに常に私たちの身近にあり、いつでも意識をそこに向ければ生命を感じることができる。しばらくこうしたありのままを観る、ということを実験的にやってみると、いかに自分自身が自分をコントロールできないかが実感として湧いてくる。いずれも、普段の身体の動きよりも少しスピードを落として実験してみることを勧める。例えば私たちの生命を維持するのに不可欠な食事をじっくりと見守りながら、生命を感じることができるのである。

**レーズン・エクササイズ**

参考までに、食と瞑想についてのあるエクササイズを紹介しよう。実はウィパッサナー瞑想は、単なる仏教的伝統の中に留まらず、現代の心理療法とりわけ認知療法に活用されてきているのである。以下は『マインドフルネス認知療法』からの紹介である。具体的にはレーズン一粒をじっくりと味わってみる、という単純なエクササイズなのだが、以下の状況をイメージしながら読んでほしい。あるいは読んだあとご自身で自分はどうなのか、どういうことが起こってくるのかを実験してみることも勧めたい。

「クラスを回って、あなた方一人ひとりに、あるものを渡します。

これからあなた方に行なってもらいたいことは、ひとつのものに注意を向けて、一度もそれを見たことがないと想像することです。今この瞬間に、火星から地球に降りてきたばかりで、それを今まで一度も見たことがないと想像してみましょう。」

注意：フレーズの間には少なくとも十秒間とり、ゆっくり、たんたんと、しかし適度なペースで、次のことを言ってください。

1、これらのうちの一つを手に取り、手のひらの上に置くか、指でつまみます。（間）

2、それを見ることに注意を払います。（間）

3、それを初めて見たかのように、注意深く見ます。（間）

4、それを指でつまんでひっくり返します。（間）

5、指の間の手触りを探ります。（間）

6、光のあたる最も明るい部分……、暗いくぼみやしわのある所を注意深く見ます。(間)
7、まるでそれを初めて見たかのように、あらゆる部分に目を配ります。(間)
8、そしてもしこの最中に、「なんて変わったことをしてるんだろう」「ここでのポイントは何だろう」「こんなことしたくない」というような考えが心に浮かんだら、その考えは考えとしてそのままにしておいて、注意をそれに戻します。(間)
9、それを鼻の下にもっていって匂いを嗅ぎ、息を吸い込むときに、注意深くその匂いを味わいます。(間)
10、次にそれをもう一度ながめます。(間)
11、次にゆっくりと口にもっていきます。そのとき、おそらく自分の手と腕が正確にそれを入れる場所を知っていることに気づくでしょうし、それが口に近づくにつれて口に唾液が出てくることに気づくでしょう。(間)
12、次にそれをそっと口に入れ、かまずにそれがどのように「受け止められたか」に気づき、口のなかの感覚をただ探ります。(間)
13、次に準備が整ったら、よく意識してそれをかみ、それが放つ味に気づきます。(間)
14、ゆっくりそれをかみしめます……、口の中の唾液に気づきます……、その形の変化に気づきます。(間)

15、そのあと、飲み込む準備が整ったと感じたら、まずそれを飲み込みたいという意思に意識を向けられるかどうか見てみます、そうすると、それを実際に飲み込む前に、この意思さえ意識的に体験できます。(間)

16、最後に、それを飲み込む感覚、胃に落ちていく感覚に寄り添い、あなたの体が今実際にひとつのレーズン分重くなったということに気づくことができるかどうか、観察します。(間)

(『マインドフルネス認知療法』八一頁)

いかがだろうか。これは学生などの集団を対象としたエクササイズを想定しており、筆者もよく授業やワークショップでこのワークを取り入れて、生命を丁寧に感じ取ることの難しさ、洞察することによって得る発見の楽しさを学生とともに味わっている。学生の中には、「かってこんなに一粒のレーズンをゆっくりと味わってみたことがなく、とてもレーズンが愛おしく感じた」であるとか、「レーズンがこんなに甘いなんて思わなかった」「レーズンって、外側が硬くて中がとてもジューシー。じわりと味が出てきたときに思わず飲み込みたいと思う気持ちが出てきた」など、一粒のレーズンの味わいがそれぞれの感じ方の違い、発見に非常に役立つ手ごたえがあった。

また筆者が行なったワークは続きがあって、レーズンをじっくり食べ終わった後に、

「私はレーズンです。と書いてそのあとに続いて自由に起こってくるに任せて書きなさい」という形で自由連想形式の作文を書かせる。これはウィパッサナー瞑想を日常に生かす数々の工夫をされている井上ウィマラ氏の『心を開く瞑想レッスン』から引用している。

食はまさに生命と直結する行為である。そしてこのワークは各人のものの見方や考え方まで投影される場合があるので、心を映し出す鏡のような展開に感じることもある。そのように活用することも可能だが、このワークによって、日ごろ私たちが「食」に対して自動的に行なっている行為がどのようなものであるのか、ゆっくりと行なってみることで無自覚な行為の中に何が生じているかに自覚的になれる。それは私たちが生命を観るという観方、そして態度に大きな影響を与えるだろう。

私たちは仮なる生命を抽象的に考えてしまいがちであるが、こうしたウィパッサナー瞑想の実践により、具体的でありのままのいのちを実感することが可能となる。無自覚な行為を自覚化することで、いのちを感じる扉を開くことができるのだ。

## 六 「生命」の当事者意識を鍛えるために

さてこれまでは、仏教をベースとした生命観を参考に、生命について考えてきたが、この章では少し別の視点から生命に対する私たちの態度を考えていきたい。

自我や「私」にとらわれないというこれまでの話と矛盾するようだが、ここではあえて「私」という意識にこだわって考えていく姿勢も大切であることを述べていきたい。いうなれば、当事者意識を鍛えるということである。そうした意識を日ごろから鍛えるということの一つの例として、ある中学校で出された例を参考に取り上げたい。

以下の文章を、当事者となった気持ちで考えてみてほしい。少し現実離れした話かもしれないが、近い将来に実用化される可能性のあるクローン技術の問題を取り扱っている。

この文章は藤原和博・宮台真司著『人生の教科書〔よのなかのルール〕』の一節から引用した。現代社会の様々な問題を当事者として考えてみる授業「よのなか科」の授業の中で使用された文章である。

【よのなか科】

よのなか科とは、東京都初の公立学校の民間人校長として東京都杉並区立和田中学校に登用された藤原和博氏によって実践されている授業の手法をさす。世の中のダイナミズムを授業の中に取り入れるべく、様々な工夫がなされている。例えば学外からの授業参加者を認め生徒たちと一緒になってワークショップ形式で学んだり、テーマに沿ったゲスト講師を招き入れ、一方的に講演をさせるのではなく、ゲストも生徒とともに学ぶスタイルをとることなど双方向の学びを演出している。内容も生徒の身近な問題から具体的に考えさせるという手法をとり、政治・経済から、現代社会の諸問題、例えば自殺、安楽死、宗教などこれまで公教育がタブーとしてきた問題に対しても「唯一の正解はない」というスタンスで、教師と生徒がともに考える姿勢を貫いている。本文中のクローン問題（クローニングとは、同一の遺伝子構成を持つ個体を作り出すこと）についてもその授業の流れの一環として取り上げられている。ちなみに、年間のよのなか科の流れとしてはこのクローン問題を考えさせたあとに「宗教を考える」回が予定される。すなわち人の死というものをじっくり考えた上で、人間にとって宗教とは何かという本質的な問いを考えていくプロセスになっている。

### 事故死したわが子のクローンをつくることは許されるか？

二〇〇X年一〇月一三日。神戸市に住むA子さんは、いつものように夫のB輔さんを仕事に送り出した後、さわやかな秋晴れの日和に誘われ、日課の洗濯を後回しにして、愛息O君を連れて近所の公園へ出かけることにした。結婚後五年間、二人には子供ができなかったが、体外受精（顕微受精）の処置を受けて、昨年男の子を生むことができた。A子さんは一歳になったばかりのO君を乳母車に乗せ、公園までのなだらかな坂道を下り始めた。公園までは、住宅地の中の狭い通りを抜けて一〇分程の道のりである。

家から一〇〇メートル程離れた小さな四つ角を横切ろうとしたちょうどその時、O君の乗っていた乳母車は右方向から猛スピードで左折してきた車に接触し、激しく転倒した。道路に放り出された〇君はただちに病院に運ばれたものの、やがて息を引き取った。

しかも不幸はそれだけではなかった。〇君の乳母車をはねた車を運転していたのは、何とB輔さんだったのだ。B輔さんは、この日もいつものように車で仕事に向ったが、途中で忘れ物に気づき、あわてて家に引き返すところだったのだ。我が子をひき殺してしまったB輔さんも、毎日の習慣に背いて散歩に出たことで事故にあったA子さんも、自分を責めに責め、この夫婦は出口の見えない不幸へと追い込まれてしまった。

事故から一年後、一時は自殺を図るまでに追い詰められた二人が、夫婦の危機を乗り越えるために最終的に選んだ道は、クローニングによって〇君を蘇らせることだった。夫婦はもともと、体外受精によって〇君を出産しており、人工生殖技術に対して知識と信頼を持っていたこと、体外受精児〇君の成長の追跡調査のために臍帯（へその緒）と皮膚の組織片が体外受精を行ったクリニックに凍結保存されていたことが、夫婦をこの決断へと導いたのだった。

しかし、日本国内にヒトのクローニングを引き受ける病院は存在しない。そこでA子さん夫婦は、南米のとある国へ渡り、クローニングを行うことにした。

まだ二〇代のA子さんからは、健康で良質な卵子がたくさん採取され、その卵子の核を取り除いたところへ、凍結保存してあった〇君の細胞の核が移植された。このクローニング施設では、他人の卵子を使ってクローン胚を作るというメニューも提供されるし、また、クローン胚を自分以外の女性の借り腹に移植して出産させることも可能だった。

しかしA子さんはそれらを拒否して自分自身の卵子を使って作ったクローン胚を自らの子宮に移植して、無事O君のクローンを出産した。したがって新しく生まれたO君は、生物学的には正真正銘のO君のクローンなのである。

クローンO君は、出産時の体重こそ元のO君より約五〇〇グラム大きかったものの、姿形はもちろん、声、しぐさまでもO君にそっくりで、まさにO君の生まれ変わりとして、両親の愛情を一身にうけて順調に成長した。同時に、A子さん夫婦は、ようやく生き続ける希望を取り戻すことができた。愛息O君を失った心の傷が、彼らの心から完全に消え去ることは決してないにしても……。

クローンO君が一歳の誕生日を迎えた今、家族は彼らを知る人のいない土地で、ひっそりと、しかし幸せに暮らしている。

（『人生の教科書〔よのなかのルール〕』四四六―四五〇頁）


もしあなたがこのA子さんだったら、この選択を決断するだろうか。あるいは別の人の立場だったらどうであろうか。B輔さんの立場、クローンO君の立場、そして亡くなった愛息O君の立場など様々な立場によって考えが違ってくるはずである。

筆者自身も、第五節で紹介したレーズンのワーク同様、担当していた大学や専門学校にてこの文章を使って学生たちにワークショップをしてもらったことがある。A子さんの決断に賛成するか、反対するかの立場を取らせてそれぞれの理由を述べ合い、しっかり聞いた上で反論を述べる作業を繰り返す。

そこで出てくる様々な意見としては、「A子さんやB輔さんが自殺するよりは、クローンO君が誕生することはいいことなのではないか」とか、「もともとO君自身も体外受精によって生まれているのだから、その延長としてクローン技術を考えるのは妥当ではないか」「クローンO君がもし大きくなって自分がO君のクローンだとわかったら、どのような思いがするだろうか」「O君とクローンO君は生物学的には同じであっても、環境が違えば違う人間なのではないか」「そもそも人が人を創ることは間違っているのではないか」などの率直な意見があがってくる。もちろんその他の立場や重要な論点はたくさんあるが、こうした議論を通して学生たちが、生命の本質に次第に触れていき、時に宗教的な視点に対する自らの態度を自然と表現できる場に展開することを何度も目撃した。ある女子学生は、「亡くなったO君がもし天国で自分の家族を見ていたら喜ぶだろうか、それとも悲しむだろうか」と、真剣な顔でつぶやいた。亡くなった人の視点を自らの想像力の中に取り入れるということ、これは連続する生命を感じ取る感性がなければ出てこない視点である。私はどう思うだろう、私だったらどう考え、感じるだろう、ということを突き詰めていくことで、私が鍛えられていく。

生命に関する態度を日ごろから鍛えておくことは、バランスのとれた生と死への態度を養うことにもつながる。簡単には決められないプロセスこそが、生命を取り扱う上の大切な姿勢であろう。そのプロセスを共に歩むことが、誰にとっても思うようにならない生命を見守ることになるのだ。

## 七　おわりに――「仮」なる生命を見守る力を育む必要性

本稿では、生命倫理というとても大切なテーマを扱う際の態度について、仏教の生命観、ウィパッサナー瞑想という生命を観る視点、当事者意識を鍛えるワークなどを事例に考えてきた。筆者が、生命倫理をテーマにした論文にあえてこのような事柄を取り上げたのは、生命の長さだけに関心を持つ生き方から、生命の質を問う方向へ向かいつつある今日、より生命の質を高めるのには、「仮」なる生命という視点に立ち、それを自らが見守るという力を育んでいくことの重要性を指摘したいがためである。

私たちは幼い頃からいつでも誰かに見守られて育ってきた。そして成長するにしたがって、自らが自らの仮なる生命のプロセスを見守ることができるようになるのである。

生命倫理というと、倫理というあたかも誰かが決めたようなものをそのまま遵守しなくてはならないような錯覚に陥ってしまいそうだが、その態度そのものが、誰もが生命を頂いて、生かされているというそのことから遠ざけてしまうような気がしてならない。

仏教の生命観、とりわけ「無我」という体感的な理解を繰り返し行なっていると、今あるいのちは仮にあるもので、いずれ変化し死んでいくものであるという現実が浮かび上がってくる。この瞬間こそが、ありのままのいのちを味わう瞬間であり、「今、ここ」へ私たちの意識を立ち戻らせてくれる。そうした変化を見守っていくプロセスを経てはじめて、借りものではない私たち一人ひとりの生命倫理が立ち現れてくるのではないだろうか。

**【参考文献】**


プッタタート比丘(アーリアナンダ比丘英訳、ヴィプラティッサ比丘日訳)『仏教人生読本』プッタタート財団、一九九八年(原著は Buddhadasa Bhikku, *Handbook for Mankind*, Buddhadasa Foundation, 1998.)。
藤原和博・宮台真司『人生の教科書〔よのなかのルール〕』ちくま文庫、二〇〇五年。
井上ウィマラ『心を開く瞑想レッスン』大法輪閣、二〇〇三年。
井上ウィマラ『呼吸による気づきの教え——パーリ原典「アーナーパーナサティ・スッタ」詳解』佼成出版社、二〇〇五年。

カンポン・トーンブンヌム（上田紀行監修、プラ・ユキ・ナラテボー監訳、浦崎雅代訳）『「気づきの瞑想」で得た苦しまない生き方』佼成出版社、二〇〇七年。

Pinit Ratanalul, "Bioethics and Buddhism", *College of Religious Studies*, Mahidol University, 2004.

田中かの子『比較宗教学――「いのち」の探求』北樹出版、二〇〇四年。

プラ・プロム・クナーポン（野中耕一訳）『仏法――自然の法則と生きることの価値』P.Press Co.Ltd., 二〇〇六年。

武田龍精編『仏教生命観からみたいのち――人間・科学・宗教ORC研究叢書1』法蔵館、二〇〇五年。

Z・V・シーガル、J・M・G・ウィリアムズ、J・D・ティーズデール著（越川房子監訳）『マインドフルネス認知療法――うつを予防する新しいアプローチ』北大路書房、二〇〇七年。

第七章

# 「企業倫理」を踏まえた生き方と社会的使命

【企業倫理】……………佐藤武男

## 一　はじめに

現在、企業倫理について世間の関心が高まってきており、企業倫理が問われるような不祥事が後を絶たない。

二〇〇〇年から二〇一〇年までの過去一〇年間、日本だけでなく欧米も含め、世間や消費者の信頼を裏切るような、企業倫理を疑いたくなるような企業の不祥事が起きている。その業種は食品、自動車、電機、金融、建設等多岐にわたっている。

二〇〇八年九月に発生したアメリカの大手投資銀行の倒産や金融市場の信用急落というリーマンショックは、アメリカ型の市場原理主義の失敗により、「収益至上主義」が生んだ「お互い競争なので自分さえよければ他人はどうなっても良い」、「収益につながるのであれば、お客にリスクが高まっても構わない」という倫理観の欠如が原因の一つでもある。投資銀行はビジネスの「自由」と表裏一体である「責任」をあいまいにさせ、又は転嫁し、自らモラルを壊してしまった。

二〇一〇年九月ローマ教皇は、ロンドンで「近年の経済危機は、経済活動に関するしっかりした倫理規定がなかった為に起きたもの」と演説した。また「政治を行なっていく上で政治倫理が欠けていれば、経済活動以上に影響が出てしまう」と指摘し、「宗教にはこうした倫理をもたらす役割がある」と説いた。

二〇一一年三月に発生した東日本大震災は甚大な被害をもたらし、地震や津波により、家屋の倒壊や原発事故はじめ、製油所の火災、電力供給の危機と停電、被災者の避難、物流や交通の混乱、物資の不足等が発生した。企業の防災へのリスク管理に多くの課題を残し、利益優先で設備等の安全品質が二の次になっていなかったかなど見直しが求められている。さらに復興への貢献、地域経済の再建、雇用の創出など企業の社会的責任や地域連帯力の強化がより求められている。従来の「効率性重視社会」から今後は「安全・品質・絆（連帯感）社会」を強化していく必要がある。

さらに震災や原発事故や電力危機も踏まえ、私達はエネルギー多消費型の豊かさを求めるのではなく、節電エコ社会に向けて企業も個人も暮らし方を変えていかなければならない。現代における「少欲知足社会」はどうあるべきか考えていく必要がある。

企業倫理をどのように考え作り、定着化させていくか。また仏教から企業倫理を見るとどう捉えられるか、今、企業倫理が問い直され、企業倫理を踏まえた生き方と社会的使命が求められている。

## 二　日本の企業の不祥事事件について

ここ一〇年間で発生した企業の不祥事を追ってみると、以下のとおり有名な大手企業といえども不祥事が相次いだ。

二〇〇〇年　雪印乳業の乳製品で集団食中毒（対応が後手に回り患者一万三千人と過去最大に増加）
二〇〇一年　三菱自動車でクレームやリコール隠し（安全性より利益を優先）
　　　　　　マルハ、水産物輸入で原産地証明の偽造
二〇〇二年　雪印食品の国産牛肉の偽装
　　　　　　日本ハム、買取申請の牛肉の不正操作
　　　　　　日本信販、総会屋への利益供与
二〇〇三年　水道メーター一九社の談合で排除勧告
　　　　　　日本テレビ、視聴率不正操作
二〇〇四年　明治安田生命保険、大量の保険不払い

二〇〇五年　西武鉄道、株の虚偽報告（経営トップに企業倫理の意識が無かった）
カネボウ、粉飾決算判明
耐震強度偽装問題発覚（コストを抑えるために不正）
三井住友銀行、金融商品違法販売（収益目標の為無理やり購入させた）
二〇〇六年　ライブドア粉飾決算や偽計取引で逮捕
ヒューザー耐震強度偽装で宅地建物免許取消
アイフル、不当取立で営業停止処分
ソニーのリチウム電池回収遅れ問題（パソコンの発火事件）
二〇〇七年　コムスンのスタッフ水増しによる介護報酬不正請求。介護ビジネスから撤退
ミートホープ社、牛肉の虚偽表示の偽装事件で倒産
船場吉兆の食べ残し料理の使い回し告発で廃業
二〇〇八年　赤福が賞味期限の改竄《かいざん》及び賞味期限切れ商品の使い回し
二〇〇九年　三笠フーズが事故米を食用として販売、摘発
二〇一〇年　住友不動産が耐震化工事に補助金が出る申請で三一九棟の必要書類を改竄する不正が発覚
二〇一一年　オリンパス、財テクで失敗した損失を隠す為に、損失の飛ばしと隠蔽工作と不正

決算処理を行なった

二〇一二年　大王製紙、前会長が子会社から金を借り、個人でカジノ資金に不正使用し、特別背任で逮捕

ここ一〇年間を振り返っただけでも、このように多く発生している。

乳業メーカーの乳製品での集団食中毒では、当初から複数の消費者より苦情があったにもかかわらず、現場の社員は上層部にすぐには報告しなかった。また本部も期限切れで返品された商品を再利用して別の商品になりすましその途中で食中毒の毒素が混入してしまった。

社内にコンプライアンス規定はあったが活用されず、社内のコミュニケーションは悪く、悪い情報が上に伝わらず、収益重視の風土で期限切れの商品を再利用してコストを浮かせた不正が、結局その企業のブランドを著しく損ね崩壊した。

食品などの偽装事件が後を絶たないが、これらは消費者や地域住民の信頼を裏切るだけでなく、直接健康や安全に関わるものだけに経営者の責任は重い。

収益至上主義、極端な成果主義とそれに基づいた人事制度、度を超えたコスト削減圧力は企業倫理が徹底されなければ、社内で歪みや不正を生んでしまうのである。

また生命保険会社の保険金不払い事件も、世間を騒がし、保険金の支払い査定を厳しくして

利益を上げるという会社方針が、不払い優先の風土を作ってしまった、と言える。さらに請求できる特約が付いているのに契約者が請求してこなかったから払わなかった。そうした社内体制に対し、金融庁は「契約者保護の観点」から厳しく指摘し、一斉処分をした。ここには明確な法令違反が無くても契約者保護が不十分であれば業務改善命令や業務停止を発動するという当局の意識の変化が現れている。現在では保険会社が進んで連絡する体制を作り、たとえお客が忘れていても受け取れるように顧客重視が進んできた。

営業の収益チャンスと企業倫理・コンプライアンスとが互いに相反するときにはどうすべきか、それは企業倫理・コンプライアンスを必ず優先させるという企業風土を築いていくべきである。

近年、不祥事の発覚は内部告発によって発生しているケースが大半である。また、近年では経営者による公私混同（モラルハザード）や、下請企業への値下げ圧力などの優越的地位の濫用や反社会勢力との取引防止などの行動規範が特に求められている。

## 三　アメリカのリーマンショックに見る市場原理主義や企業倫理の問題

二〇〇八年九月にアメリカの大手投資銀行だったリーマンブラザーズがサブプライム住宅ロ

ーンや多くの証券化商品の失敗により、行き詰まり、政府支援も拒否され倒産した。この後二〇〇九年にかけて、アメリカでは金融業の統合再編、景気の急低下、株価の暴落、企業の倒産、失業の増大、消費の急激な冷え込みとなった。リーマンショックはヨーロッパやアジアにも飛び火し、その金融の損失がどこまで拡大しているのか読めず、金融リスク不安だけでなく、製造業の生産ライン停止や、小売業の売上の急減となって現れ、世界的な不況に陥った。

「資本主義が崩壊した」という声もあるが、崩壊したのではなく、「市場に任せておけば全てうまくいく」という市場原理主義が失敗したのである。元々「市場」は完全なものではない。市場は自由な競争に任せておくと様々な弊害が出てくるものである。それは、景気の変動、恐慌、失業、インフレ、所得の再分配の不公平、格差の拡大などになって現れ人々の生活を脅かす。

リーマンブラザースは証券化商品に対し、情報開示に乏しく、透明性に欠け、リスクの説明責任も十分ではなかった。また本来貸せないはずの返済能力のない人にまで貸したサブプライム住宅ローンを将来の住宅価格の上昇によって返済できると錯覚させ、さらにこのサブプライムローンを小分けして証券化しリスクを分散させ、利回りを高くして他の商品と混ぜ、リスクの所在を不明確にし、世界中の投資家や金融機関に売りさばいた。

リーマンの倒産ショック等により証券化市場全体の信用が崩れ、金融危機のグローバルな伝染を生んでしまった。一九九〇年代の日本のバブル崩壊時はリスクが日本の銀行に集中していたので金融危機が世界的に広がることはなかったが二〇〇八年の金融危機は世界中に広がった。欧米の投資銀行は、一九八〇年代から「新自由主義」の「市場メカニズムを基本とし、小さな政府と大きな自由、規制緩和し競争原理により活力を引き出す」考え方に乗って発展してきた。このビジネス上の規制緩和や自由を拡大解釈し、「自由」に密接不可分、表裏一体である「責任」をあいまいにしてしまった。米国のサブプライムローンの証券化はリスクを分散させ、責任所在を見えないようにし、雲散霧消させてしまった。

利益優先に走りすぎた投資銀行は、自由の意味をはき違え、高い倫理観を忘れてしまい、二〇〇八年のリーマンショックで米国大手の投資銀行は破たんしたのである。

アダム・スミスは市場に任せておけば「神の見えざる手」によって社会の利益を増進できるとし経済的自由主義を唱えたが、一方で彼はフェアプレイを遵守するという企業倫理の重要性も強調していたが活かされなかった。企業や個人は自立しており、正義の法を遵守し、倫理的に行動することが大前提なのである。

市場経済は、ルールと倫理によって支えられているのである。従って自由には責任と制約があるように、企業の自由な経済行動は、ルールと倫理等によってコントロールされるべきものである。しかし一度崩れると一気に非効率で不公平なものになってしまい、弊害が大きく出てしまう。リーマンショックは、短期的な利益追求のために倫理観を失って行動すると、企業の存続すら危うくするだけでなく、その影響は経済がグローバル化している現在、世界の経済を混乱の底に陥れることを証明してしまった。

アメリカでも二〇〇一年にはエンロン事件が起き、巨額な不正経理が内部告発によって発覚した。また二〇〇二年にはワールドコム事件が起き、粉飾決算で四〇億ドルもの利益を捏造していたことがわかり、倒産し、企業会計への大きな不信につながった。

アメリカの企業不祥事は、個人の欲が原因で私腹を肥やす者が多かった。個人とは会社の社長（CEO）や役員、部長などが多く、経営幹部が会社を利用して私財を蓄えたりした。これに対し日本のケースは、会社の為にと思って起こしたものが多く部長や課長など管理職が個人で利益を得ている者は少なく、会社の為に犠牲になった被害者が多い。しかし「会社の為」は「社会の為」になっておらず、「社会の悪」になってしまったのである。会社の社員が法令違反やコンプライアンス違反を犯した時、「法令に違反しようとする意思はなかった」や「会社の利益の為に行なった」という言い訳で法令等違反行為の責任を免責されることはないと肝に銘じるべきである。

## 四 「企業倫理」について

### 1 企業倫理とは

倫理はギリシャ語の「エートス」からきており、「住み慣れた土地の習慣」や「慣習によってしつけられた個人の性格」を意味する。こうしたことから「倫理」とは、「人間関係の筋道、秩序、理法、規範、道理」を指す。

「企業倫理」（Business Ethics）とは、「企業が健全で適正な活動をしていく為に、法令を遵守し、さらに法令の精神をも汲んで社会正義、公正や道徳に基づいた規範を定め遵守し、経済、社会、環境に責任を持って社会貢献や社会的使命を果たす為の普遍的な道理」である。

企業倫理は法律に似ているが、法律にはなっていない。法律と異なり対立する利害を調整するのは容易ではないのは、企業倫理規定には善悪の明確なラインがない場合が多く、個別事象毎に判断せざるを得ないからである。

企業倫理に影響を与えるのは、社是、会社のビジョン、組織の価値観、社会規範、個人の倫理・道徳、環境・人権などの国境を超えたグローバリズム、資本主義社会の経済論理などである。法令違反がなくとも、企業倫理に悖る反社会的行為は市場から不健全で望ましくない企業として消費者から批判され、企業が存続の危機に立たされたりする。

## 2　企業倫理を巡る関連の概念

企業倫理に関連した概念としては次のようなものがある。

・コンプライアンス：Compliance（法令遵守等）
・CSR：Corporate Social Responsibility（企業の社会的責任）
企業の社会的責任とは、「企業が、従業員・その家族、地域社会、社会全般の生活の質を高めるために、産業界にとっても、また社会発展にとっても好ましい方法でそれらの主体と協働しながら持続的な経済発展に貢献しようとするコミットメント」（世界銀行の定義）である。
・内部統制：業務プロセスの有効性と効率性、財務の信頼性、法令遵守、資産の保全の目的を達成するための業務プロセス、リスク評価対応、統制活動、情報伝達、監視活動を指す。
・コーポレートガバナンス：企業統治、経営執行者が株主や消費者や従業員などのステークホルダーに対し責任を全うする仕組みを作ることを指す。

企業は社会の一員であり、社会との関係を無視して企業は成り立ち得ず、お互いに密接不可分である。企業のステークホルダー（利害関係者）は投資家、株主、経営者、従業員、金融機関、仕入先、販売先、消費者、地域社会、官公庁と実に多岐にわたる。

企業は、短期的な利潤追求だけではなく、経済社会の持続可能な発展のために、社会の一員であることを自覚して雇用や地域経済、環境、人権、消費者保護など社会全体に対する責任が求められている。重視すべきは「利益重視」ではなく真の「顧客重視」である。

## 五　企業倫理プログラムについて

### 1　企業の目的

企業の目的は、「企業が使命や夢を持って事業を通じて経営し、それを継続的に行なうことで社会に貢献し、人々の暮らしを豊かにし、夢を実現すること」である。利潤は企業活動を継続して行なう為に不可欠ではあるが、より良いサービスや製品の提供の「結果」であって、「目的」ではない。

### 2　資本主義の変遷と倫理

プラトンは私利私欲や私有財産を否定し、共通意識で結合されたポリスを理想としていた。アリストテレスは私有財産については肯定するが、それは生活維持のための必要性にとどめ、富の蓄積や交換などには否定的であった。

中世のキリスト教的社会では、私有財産は認めるものの、自分自身の生活を満たす以外の利潤獲得のための市場での交換取引や利子の取得等は否定されていた。その後国王が国を統治するために利潤追求を是とした時代もあった。

一六世紀の宗教改革でプロテスタンティズムはその戒律の中で自己を律し、誠実勤勉に働いた結果として得た利益は、自分の快楽のためではなく、神の栄光のためにより良い商品を生産し販売する為の新しい機械の購入や開発など設備に投資し、拡大再生産するならば許されるという宗教的倫理観が広がり、資本主義の正当化を図った。マックス・ウェーバーが指摘した「資本主義の精神」はまさにこれである。

しかしその後科学技術の発展と産業革命の発達から、近代資本主義が発展して企業そのものが大きくなり、競争が激化してくると、市場から取り残されないようにするために、競争に勝ち続けなければならなくなった。このため合理的な経営を進めた結果、宗教離れが進み、宗教的倫理観の部分が抜け落ち、利益自体が目的化していったのである。即ち次第に競争に勝つために「利益至上主義」のウエイトが大きくなり、暗黙の前提となっていた倫理・道徳のウエイトは小さくなっていった。利益目標を達成できなければ、経営から評価されない、それしか評価されないとすると、社員はどんなことをしてでも達成させようと無理をし、倫理に悖ることでも目をつぶるようになってしまう。企業でも本来の切磋琢磨の競争ではなく、不公正な競争や独占や談合などに堕ちてしまった企業は数知れない。

企業と経営者は、契約関係ではなく信任関係である。企業は自分の企業の行動について経営者を信頼して任せているのである。信任を受けた経営者は企業の目的のために、経営者自身の収入の増大欲を抑制して行動する義務を負っている。

資本主義はその奥義の部分で人間が倫理的に行動するというのが大前提となった社会体制と言え、「自由」と「責任」が表裏一体の体制である。

## 3 企業倫理プログラムの実践

企業は、法的、倫理的、商業的な期待や要求に応えつつ、社会の発展の為に貢献していく責任がある。現代の企業は高度に専門化された知識や技術で経営がなされている。逆にいえば消費者の無知に付け込むことができる状況にある。従って企業はより一層高い倫理性が必要で、社内の倫理意識の徹底、実践、定着化とモニタリングなどの体制作りが必要である。

企業倫理プログラム作りは、以下の表のとおり、まず企業倫理確立のための方針・基準を企業の定款や理念や行動規範に基づいて制定する。

次にこの企業倫理を社内に徹底するための体制を作る必要がある。例えば、社内に「企業倫理委員会」を設置し、部長や支店長を「企業倫理責任者」、課長クラスを「企業倫理推進者」として任命し自分の問題として強く意識させ、部下への徹底を図る。また一般社員からは何か倫理的に問題ある指示などが上司からあれば通報できるよう、社内に「企業倫理通報制度」を導入することで風通しを良くすることが重要である。

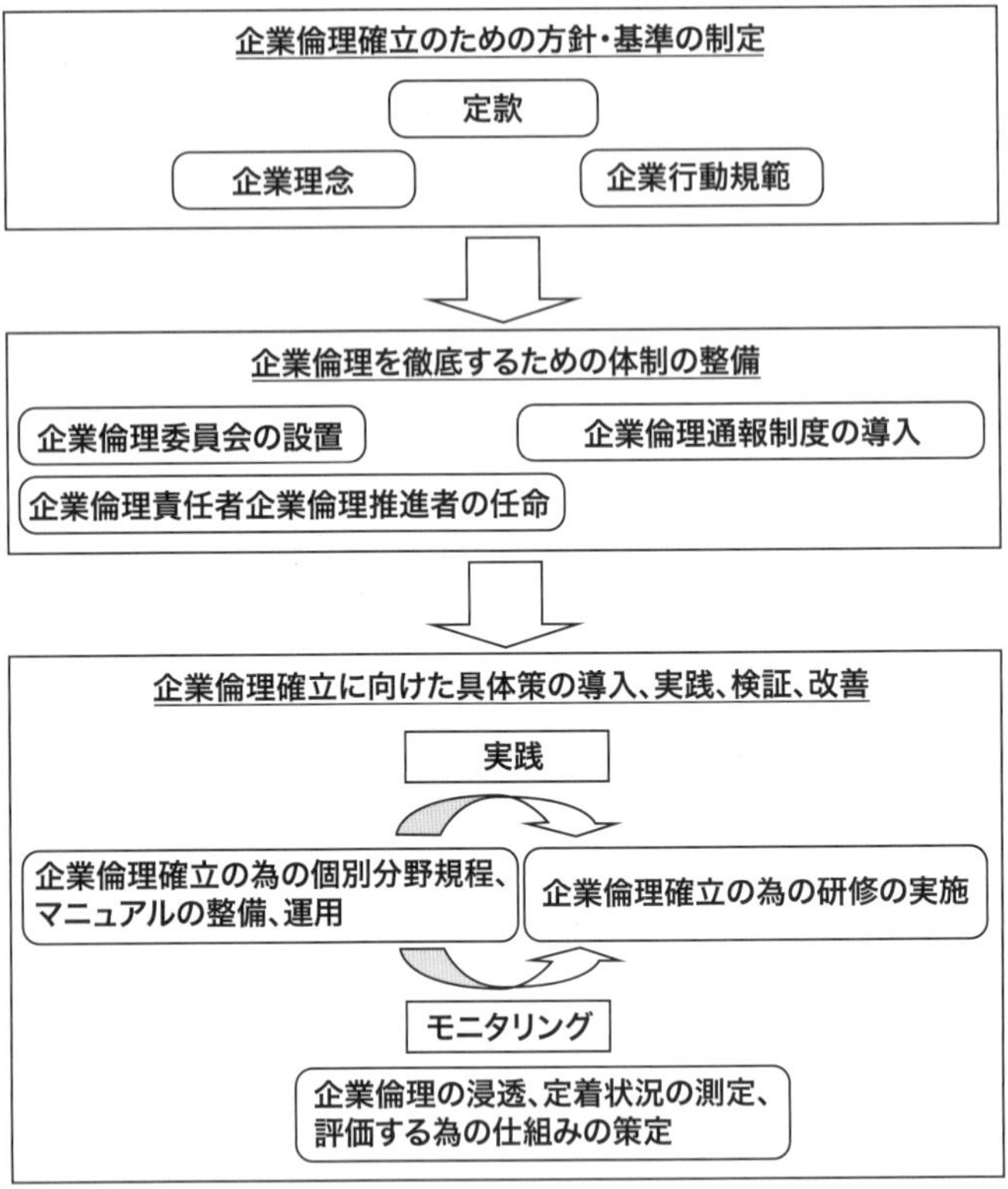


図1　企業倫理プログラム例

さらに企業倫理を継続的に実践させていくために、個別分野の規定やマニュアルを作成し、各階層に対し繰り返し研修を実施し、企業倫理が定期的に現場に定着しているかどうかをモニタリングし、評価する仕組みや監査体制などの整備が必要である（図1）。

**企業の「企業倫理規定」の具体的事例（通信事業会社の例）**

1、法規倫理の遵守、あらゆる法令とその精神を遵守する
2、お客様本位の製品・サービスの提供をする
3、お客様の人権尊重と個人情報保護の徹底
4、企業機密情報の管理と保護の徹底
5、情報開示と透明性を高める
6、公明・透明・自由な競争と取引を行なう
7、良き企業市民と社会活動に取り組む
8、環境への取り組みに貢献する
9、社員の人権と人格を尊重する
10、社内体制整備と倫理規定の周知徹底をコミットする

**企業の「企業倫理規定」の具体的事例（事務用機械メーカーの例）**

1、お客様の満足を実現するために（Customer Satisfaction）
私たちは常にお客さまにとって魅力ある価値を創造し信頼を得る事をビジネスの原点におきます。

2、高い倫理観を実践するために（Higher Ethical Conduct）
私たちは、自分自身の判断と行動に責任を持ち、常に誠実であることを大切にします。

3、プロフェッショナリズムを発揮するために（Professionalism）
私たちは、自らが携わる仕事に対し誇りと責任感をもち、卓越した成果を生み出す意欲をもって、より高いレベルを志します。

4、科学的思考を基本とするために（Scientific Thinking）
私たちは、常に事実を正しく捉え自己の判断を常に検証しながら、問題の解決と課題の達成を追及し、不断の改善に挑みます。

5、多様性を尊重するために（Cultural Diversity）
私たちは、他者の価値観を尊重し、コミュニケーションと学び合いを通じた相互理解の促進を仕事の基本とします。

6、連携を促進するために（Team Spirit）
私たちは、自らを過信せず、連帯感を大切にし臨機応変な相互協力を実現します。

7、信頼と思いやりに基づくために（Trust and Consideration）
私たちは、常に他者への配慮を心がけ、日々の行動において謙虚さと感謝を忘れず、他者のためにお役立ちをするというやさしさを実践します。

8、環境を大切にするために（Sustainability）
私たちは、自然—社会—文化の連関の中で育まれていることを認識し、持続可能な環境づくりへの貢献を目指します。
9、楽しむ心を忘れぬために（Joy and Fulfillment）
私たちは、自由な発想とその実現に向けて挑戦する気概をもって、自分らしさを追求します。
10、冒険心を持ち続けるために（Pioneer Spirit）
私たちは、いかなる困難にも立ち向かう勇気と心のゆとりをもって、自己の成長の実感します。

## 4　企業倫理の段階的発展

企業倫理の実践に関して、段階を分けるとすれば第一段階は狭義の法令遵守、第二段階は広義のコンプライアンスである倫理実践、そして第三段階が社会貢献段階である。

法令を守るだけの第一段階から進み、第二段階は企業が法令遵守のみならず、法令の精神や背景まで汲んで規範を作り遵守するものである。これを具体化させるためには、法令違反リスクや社会規範から逸脱するリスクを社内で抽出・分析し、対策を立て、組織的にコントロールするための教育訓練をし、手続きを文書化し、監査体制整備などの内部統制体制を作ることである。

第三段階は、第二段階に加え地域社会への貢献、人間の尊厳、環境対応などにも主体的に行動していくより高度な段階である。

国内某自動車メーカーのリコール隠しの不祥事から企業倫理委員会の設置や各種対策や意識改革により信頼を回復したケースについて触れておきたい。

この自動車メーカーは二〇〇〇年に続き、二〇〇四年にも二度目のリコール隠しがあったと世間から非難の嵐にさらされ、社会的信用を失墜した。経営トップは「企業倫理の遵守無くして企業は存続し得ない」との固い決意で臨み、強いリーダーシップを発揮した。信頼回復のため、社外有識者による「社外の目」「世間の常識」という視点からの監視機能と指導・助言機能を持つ「企業倫理委員会」が設立され、また「品質統括本部」や「CSR推進本部」を設立し体制改革を断行した。

リコール問題では過去の膿をすべて出し切る強い意思で徹底的に調べこの結果を積極的に情報開示し、説明責任を果たし改修作業のほか専用コールセンターを設置したほか、関係者の処分などを徹底的に追求した。

品質面でも従来、品質管理部署は開発や生産や販売などにそれぞれ分散していたが、品質統括本部にすべて集約し品質に関する意思決定を一本化した。また企業風土改革のために、信賞必罰や部門間人事ローテーションの実施、内部通報制度の充実化、コンプライアンス研修の強化などを繰り返し実施した。

「コンプライアンス第一」、「安全第一」、「お客様第一」を基本方針として立て、「信頼回復」の段階から、二年半かけて「安心を提供する誠実な企業」の段階に会社全体が変化していった。

そしてさらに二年後、会社全体が生まれ変わり、従業員の意識が変わり、環境にやさしい電気自動車の実用化開発で脚光を浴び、カーオブザイヤーの受賞に輝くほどにまで会社は復活を遂げたのである。

## 六　企業倫理の高まりの背景

### 1　企業の社会的責任の増大化

企業倫理が求められる背景としてまずは、「単に社会に迷惑をかけない、法令を遵守する」というだけではなく、「法令の背後の精神まで汲んで、積極的に社会、経済、環境に貢献していくというべきだ」という世論の高まりがある。

社会的責任を果たしていくことが、企業のブランドイメージを高める為に必要であると企業自身も認識してきている。

以前にある有名スーパーマーケットが火事を出してお客が逃げ遅れて一五人亡くなった時に、

スーパーの社長は「亡くなった方には申し訳ないが、我が社にはスプリンクラーは無かったが、消防法による設置基準の法令には違反していない」と記者会見で弁明した為、世間から大きな顰蹙を買った。確かに当時の消防法の基準からすればわずかに面積が小さくスプリンクラー不要ではあったが、狭い売り場に山高く積んで売ればいざというときに逃げ遅れる恐れがあったので、お客のことを考えてスプリンクラーを自ら設置するべきであった。「法令は最低限の道徳」（ドイツ、ゲオルグ・イエリネック）である。法令遵守だけでは充分ではなく、さらに踏み込んでお客様の期待に応えて行動することが求められる時代になった。

## 2　市民の法意識の高まり

消費者の権利意識の向上や法意識の高まりがある。二〇〇三年の個人情報保護法制定や二〇〇六年の公益通報者保護法の施行や二〇〇九年の消費者庁設置などもこうした意識の高まりの反映でもある。また談合やインサイダー取引などは公正な取引を阻害する行為として監視の目が光ってきている。また反社会的勢力との取引も企業の公共性に反する行為として厳しく非難される。内部通報制度も整備されてきている。企業内部にも企業倫理ヘルプライン（企業倫理に関する相談や通報窓口）を設置するところが増えてきた。こうした背景には消費者に比べて強い企業に対し「強いものは監視されるべきである」という民主主義の理念が反映している。

## 3　経済のグローバル化

経済が国境を越えてグローバル化した現在、企業を評価する判断者は単に行政当局や業界や国内の消費者だけではなく、世界の市場、顧客、国際社会にまで広がってきていることも背景の一つである。テロ組織断絶のための国際的な資金の流れを規制したマネーロンダリングの規制も国境を越えて整備されつつあり、企業もこれに対応しなければならなくなっている。

## 4　規制緩和に伴う責任と管理

近年様々な分野で規制緩和が進展しているが、金融業界の例を見ても従来の事前規制や事前の行政指導ではなくなり、現在では規制緩和を進めてきているので、金融庁は事後制裁、事後規制、事後監視が主となり、証明責任、内部統制、危機管理体制の整備などが出来ているかを検査するようになってきている。当局の規制は内部統制が整備されているか、公正性や透明性が担保されているかなどを焦点にしており、これが不十分であれば業務停止や改善命令など処分を受ける。自由な商品開発の一方で、情報開示などの責任と管理は重くなってきている。

## 七　企業行動の国際的評価基準例について（Global Reporting Initiative, ＧＲＩ）

企業の評価は経済的な側面だけではなく、環境保護や地域社会の向上、人権や労働環境、情報公開状況など様々な尺度から国際的な基準に基づいて評価されるようになってきている。

消費者サイドも変化があり、フェアトレード商品の購入や企業の社会的責任に熱心な企業の商品を多少高くても買うなど、そうした商品やサービスの購入を通して何らかの社会貢献をしたいという気持ちを表す消費スタイルが出てきている。

様々な企業の国際的な評価基準の中で、一つのグローバルスタンダードにＧＲＩ（Global Reporting Initiative）というものがある。一九九七年から活動しているＮＰＯ団体で持続可能性（Sustainability）報告書のガイドラインを作っている。これはステークホルダーが企業を評価する際に、企業活動を継続的に行なうために利潤追求を行なう経済的な観点からの評価だけでなく、企業が社会や環境に与える影響が大きいことから社会的、環境的観点からも評価するトリプルボトムライン（経済、環境、社会）の考えに基づいた情報開示のガイドラインと評価基準である。

売上高や利益や配当金などの経済指標のほか、環境指標として地球温暖化ガスの排出量、廃棄物処理コスト、環境配慮型製品のサービスの提供などがある。

社会指標には、労働慣行と公正な労働条件、人権、社会、製品責任の四項目がある。「労働慣行と公正な労働条件」の項目では、地域別、男女別、正社員・契約社員別の雇用状況や幹部への女性やマイノリティーの登用など、外国人労働者の雇用も含め、多様性を認める職場になっているかが鍵になる。また労使関係、安全衛生管理、教育研修状況は従業員の働きやすさを評価する項目である。

「人権」では従業員の性別、身体障害、差別的言動、セクハラ、パワハラ、いじめなどから人権を守り、多様な価値観を認めるなどが中心である。また、従業員だけでなく取引先の従業員や工場周辺の住民の人権も含まれている。

最近では途上国の下請け工場における児童労働や強制労働などが新聞で問題になっており、こうした点も加味した上で途上国の下請け工場を選定しているかどうかも企業の社会的責任の評価の一つになっている。

「社会」では、地域社会と連携しているか、企業市民として活動しているか、贈収賄や談合が無いかどうか、汚職の防止策、政治献金、法令遵守や倫理規定の遵守状況などが含まれる。

「製品責任」では、顧客満足をキーワードにした指標で、顧客の安全衛生の保護、商品情報と品質表示、顧客のプライバシー尊重に関する方針策定や手続きを遵守しているかどうかが評価される。

こうした国際基準に合致した企業倫理基準を作っていかなければならない時代が既に来ているといえる。

## 八　仏教から見た企業倫理について

これまで企業倫理について日本やアメリカの企業の不祥事事件やその背後にある企業の収益至上主義や市場原理主義の構造的な問題点などを考察してきた。そして企業倫理とはどうあるべきか、プログラムはどう作るべきか、具体例を示すとともに企業の不祥事から復活した事例も示した。企業倫理の評価基準も国際的なスタンダードが整いつつある。次に仏教から見て企業倫理をどう捉えるべきか、考察してみたい。

### 1　倫理に背いた行動はいつか破綻する――因果応報の縁起観

どんなに良い業績を挙げても企業倫理やコンプライアンスに違反する行為は許されない。結果は手段を正当化しないのである。いつかは破綻する。悪因悪果である。多くの企業の不祥事がそうであったように、見つからなければ良いというようなたった一人の、たった一つの綻びが企業全体を危機に陥れるのである。倫理に背いた考えや行動は、必ず綻びが外部からだけでなく内部告発など内部からも出て企業及び自分自身も破たんするので、因果応報の縁起の法則は当てはまるのである。

ある企業の会長は社員向けに次のようなメッセージを送っている。

「我々は会社をを守らなければなりません。しかしこの会社を守るという大義名分には、浅はかな私利私欲が隠されていることがあります。この口実の下に不正が容認されたりしています。かつて日本の社会はいわゆるムラ社会が形成され、その利益を守るためには不正も容認される、という閉鎖的な体質がありました。会社も同じで会社ムラの中に不正を隠しこんでおくのがよしとされた雰囲気がありました。これに従わなければ裏切り者としてムラ八分にされたりしました。今日時代は変わり、万一問題が発生してしまったら、握りつぶしたり、見て見ぬふりをしたりするのではなく、我々の責任で真摯にこの事実を直視し、社内で解決していくという自浄作用を働かさなければなりません。不正による利益はいらない、それはいつかは会社を危うくするのです」(吉川廣和『壁を壊す』ダイヤモンド社、二〇〇七年より抜粋)

## 2　環境の変化に合わせ仕事も変える、多くのステークホルダーと密接不可分――諸行無常、諸法無我

企業活動はGoing Concernの継続的活動であり、持続可能性を常に意識して経営しなければならない。経済状況は景気変動など常に変化しており、企業も環境やライフスタイルにあわせ変化していかなければ生き残れない。諸行無常は企業にも等しく真理であり、それだからこそ小さな町工場だった会社が努力して優れた開発をし、世界に冠たる会社に成長できる可能性があるのである。

トヨタの社長は「変えないことは悪いことだ」と社員に説く。環境の変化に対応して積極的に物事の仕組みを変えなければ、あらゆる活力は衰退の一途をたどるという危惧が込められている。因みにトヨタウエイという経営理念は五つに集約されている。それは「挑戦」(Challenge)、「改善」(Kaizen)(あるべき姿と現実の姿を分析しそのギャップを埋めていく創造的革新を指す)、「現地現物」(Problem Solving)、「チームワーク」(Team Work)、「尊重」(Respect)であるが、「モノつくりはヒトつくりから」と考え、主体的に考える社員を育てお互いに尊重し合い、現場での気づきや改善をチームで取り組み大きな創造へと実践している。

企業の関連者は数多く、ステークホルダーとはまさに諸法無我の関係にある。

企業のステークホルダー(利害関係者)である投資家、株主、経営者、従業員、金融機関、

仕入先、販売先、消費者、地域社会、官公庁とは密接不可分である。

### 3　倫理に反した上司命令に自らの軸足で判断する――自燈明、法燈明

過去の不祥事を見るとその企業にいる従業員が上司から命令され、内心良くないことと知りながら、収益の為、業績悪化を防ぐために手を染めてしまったケースが多い。経営者の経営責任は重いが、従業員にも実行責任はある。従業員は企業の一員であると共に、自立した個人として自分自身の頭で適切に考え、何が正しいのか、何が人間としてあるべき道か、自ら自燈明で考え、その判断基準は法華経の世界、真理に基づくという法燈明を拠り所とすることが大切である。企業の組織の中にあっても埋没せず、不正に手を染めず、自らの軸足を持って、結果責任を持つという強い意識が必要である。

企業としても、上司や本部から倫理に反した業務指示に逆らって自分で正しく判断し行動できる社員を作り、そういう社員は不利益にはならず、評価されるのだということを他の社員にも見えるような風土、組織にしていく必要がある。

### 4　私利私欲、我執を捨てる――貪欲・煩悩と八正道

企業同士の競争、従業員同士の競争が昂じて、「自分さえ儲かれば他人はどうでもよい」と

なり収益競争やそれによる自分の収入の際限のない個人の欲や企業の欲が貪欲であり、自分の保身や出世などを第一に考えた狭い世界にとらわれた煩悩があると物事の本質が正しく見えてこない。このためには我執を捨て八正道の正見、正思、正行を実践する運営体制や監査体制を企業内部に作ることが重要である。

また極端な弱肉強食の「自分さえよければよい」ではなく、「お互いに分かち合う」というシェアリング（sharing）の概念を持ち、バランスのとれた節度ある資本主義を目指し、国家、個人レベルで幸せを分かち合う世界を目指すべきである。

## 5　直言してくれる部下や友を持ち、自らの過ちに気づく——サンガの磨き合い

人は知らず知らずのうちに人権や環境を壊していたり、過失による製品事故や消費者の思いもよらぬ使い方で事故が起きたりする。経営者も収益重視のあまり、チャンスとばかり大きな投資をして失敗したり、コンプライアンス上の法令違反に目をつぶり暴走したりと誤りを犯しがちである。「人は誤りを犯すもの」という前提に立てば、考え方が間違っていることを指摘してくれる師匠や友人を身近に持ち、自ら過ちに気づくことは重要である。サンガの磨き合いはこうしたお互いに自分では気がつかなかった点を指摘してくれるという良い仕組みと言える。また苦しい時に相談でき、尊敬できる師匠を持つことは、困った時に生きる勇気や人生の智恵

を授けてくれるもので、人間としての成長の観点からも必要である。

企業では、誤りを是正するチェック機能や監視機能を社内に組織的に仕組みを作っておく必要がある。相互の自己反省により人格を高めるためにも、周りの人が指摘して直してくれる体制を作っておいたほうが安心感がある。

企業の中で権力が一つのところに集中しすぎないように分散させたり、営業と事務管理を分離したり、内部統制を整備するのは、政治の三権分立と同じ発想である。

また経営者は行住坐臥に自らの行動を反省し、直言してくれる部下を遠ざけることなく、無私の心で社員に手本を見せなければ社員はついてこないのである。

## 6 お客様の為に利することが自分に返る――自利利他

人様の為により良いサービスや製品を提供し、人々の暮らしが豊かになり、その結果として利益が自らの会社にも入る。思いやりのある慈悲心をもって他人を利することが結局は自分を利することに帰ってくる。ただあくまでも利益は結果であり目的にしてはならず、顧客により良いサービスや商品の提供を通して新たな文化を創造したり、人々のライフスタイルを変革することで社会に貢献することが目的でこれが先にありきである。お客様のために利することが自分に返ってくる（自利利他）のである。そうして頂いた利益で継続的な企業活動や新たな開発ができるのである。お客様と企業の双方が満足でき、双方向のコミュニケーションを保って Win-Win の関係である共存共栄を築くことが、会社が永続的に発展していく上で不可欠である。

ただ競争による活力は重要であるが、敗者への共感性、敗者のリカバリーシステム、セーフティーネットの整備は必要であり、その前提として「武士道の精神」にある「惻隠《そくいん》の情」(Compassionate empathy) が倫理としてなければいけない。

## 7　創造と調和の取れた経営、個人は感謝を忘れず足るを知る——中道精神、少欲知足

釈尊が苦行と快楽の両極端に偏らない修業方法は中道にありと悟り、これは八正道の実践によって到達できるとした。企業はより良い商品やサービスの提供により消費者の夢を創造したりライフスタイルを変革しようとするが、その中でより良いものが消費者に受け入れられるので、各社とも商品開発にしのぎを削って競争している。また企業内で良い意味での競争も切磋琢磨され、優れた開発や効率化が出来る。しかし適正な利潤をはるかに超えた設定や行き過ぎた収益至上主義や環境を破壊するような商品開発は結局は淘汰され継続できなくなる。一定の緊張感のある競争の中で経営者や従業員が、バランスのとれた中道精神に基づく企業活動を行なうことは重要である。エクセレントカンパニーと呼ばれる企業では製造や営業の現場における判断のよりどころは、企業の使命や理念、社会的意義であり目先の利益ではない。そして常にス

テークホルダーの利益と企業の利益はバランスをとった中道の経営をしている。中道とは「創造と調和の状態」（創造とは世の中に役立つことを一生懸命苦労して創り出すこと、その創造の働きは必ず大きなところで一種の調和を作り出す）を指す。

それゆえ社会的に信頼され、創業一〇〇年以上の歴史を刻んできている企業が多い。日本には創業一〇〇年以上の企業は二万社を超えており、企業数で世界一位である。

少欲知足は、企業に働く従業員が収入や生活観に対し、人間の欲望には際限がないので贅沢や嫉妬をせず、感謝する心を忘れず、個人として足るを知ることは十分わきまえるべき道徳である。東日本大震災後、電力危機や計画停電の影響から節電等、簡素な生活姿勢やエコ社会がより重要になってきている。但しこれを履き違えて、何もせず小さくこじんまりと縮小均衡に陥っては却って社会の損失、顧客の満足度を下げてしまうのである。

現代における「少欲知足」とは何か、これまでの「多消費贅沢社会」ではなく、「地域の絆や共生を重視した社会」をめざしていくべきである。ブータンの例にあるように、「GNH」（国民総幸福）の考え方も取り入れて検討していくべき時代が来ている。また「ワークライフバランス」（仕事と生活の調和）も重要で、就労による経済的自立と健康で豊かな生活の為の時間の確保と多様な働き方を社会で認め合っていく時代が来ている。

## 8　価値観の多様性を受け入れる寛容性──開三顕一

世界の経済体制は、リーマンショックで米国の一極型資本主義から資本主義の多極化時代に入った。ＥＵや日本だけでなく、中国、ロシアなどの新興国の経済も存在感を増している。通貨もドル一極時代から、通貨多様化時代に入っている。経済体制や市場が多極化（多様化）してくると、その文化や生活様式も存在感をもって表面に出てきてお互いに主張しあい、時に「不寛容」になり、摩擦を生み出すことがある。

経済がグローバル化していくと、企業の中や生活の中に外国人労働者などが出稼ぎや移民などで入ってきている。また日本企業のアジア等への海外進出も増加している。

世界の文化、宗教や生活様式との交わりの中で、価値観の相違によるトラブルや文化の摩擦などが起き始めている。他者の生き方を尊重することと、他者を好きになることとは別でよい。本質的に価値観、文化、宗教が異なっていてもそうした多様性を受け入れる寛容性が必要であり、仏教にはそうしたものが内包されている。そこにはたとえ価値観が異なり生活スタイルが違っていてもお互いの仏性を開いて同じ企業の目的のために汗する「異体同心」の意識を持つことが重要である。

欧米の移民の多い国家などでは多文化主義にどううまく対応していくかに苦労している。日本でも、日本という国としての文化、価値観、生活様式を保持しつつ、外国人の異文化の価値観も認め人権を尊重しながら、共存して生きる智慧を作り出していかなければならない。法華経の「三乗を開会して、一乗を顕現する」ところの開三顕一の教えのとおり、声聞、縁覚、菩薩の三通りの異なる修行を説きそれぞれの価値を認めると共に、いずれも究極目標である一仏乗という成仏への道に通じるとした教えがある。現代こそこの多様性への寛容性をどう実践するか、国や個人レベルで求められている。

## 9　企業のフィランロフィーやメセナ――六波羅蜜の布施行

企業倫理に基づいた企業の社会的責任の内容は、仏教の六波羅蜜そのものでもある。布施、持戒、忍辱、精進、禅定、智慧のすべては、企業活動を市民に信頼され継続的に推進していくためには、経営者も従業員もこの実践が必要になってきている。

布施行については、企業のそれは利益還元型から社会貢献型に変化してきている。以前は企業のフィランソロフィー（社会貢献活動）やメセナ（文化支援活動）といった社会の為に財団を設立したり、福祉施設などへの寄付や、文化芸術への支援、貢献活動など活発化した時代もあったが、景気低迷により余裕がなくなり近年では下火になっている。近年では金銭的寄付だけではなく、企業が有する施設や設備や人材などを地域社会に提供したりノウハウを教えたりする活動が増えてきた。また従業員のボランティア活動を支援するためにボランティア休暇の導入や補助制度も整備されてきている。

## 10 お客様や社員から、感動したと言う評価が無上の喜び――一念随喜

企業はお客様に喜んでもらえるような商品やサービスを提供しようと創意工夫し日々、切磋琢磨しているが、お客様からも様々な声を頂き指摘をしてもらい、感謝と反省を繰り返し経営をしているが、お客様の「満足」度をさらに進めて「感動」を与えるところまで持っていくと企業にとってこれは無上の喜びになる。こうした「一念随喜」の心で経営すればお客様を欺いたりうそをつけなくなり、信頼を損なう経営は自ずと出来なくなるものである。ホテル業界で顧客満足度調査で最高のランクとなったリッツカールトンホテルの感動を与えるようなサービスの信条（クレド）はそれを如実に表している。そして一念で終わらせることなく継続させる仕組みを社内に作ることで経営は確かなものになる。

また企業の社員教育も同様に社員に如何に感動を与えるかが原点である。教育とは感動を与えることでもあり、感動体験を共有化できている職場は一体感があり、パワーが強い。また部下の良いところをほめることがやる気を引き出し、連携がよくなり組織が活性化する。さらに部下を指導し、部下が実力をつけて大きく伸びた時、自分も成長していることが実感でき無上の喜びになる。自分の成長は部下の成長でしか測れない、ともいえる。

## 11　企業倫理に必要なもの、品格・説明責任・透明性

企業は顧客などステークホルダー（利害関係者）に対し常に風通しの良いコミュニケーションを心がけ、内部統制を整備しつつ、経済、社会、環境に貢献している企業の真の姿や理念を理解してもらう為に、企業倫理をさらに進化させていく必要がある。

特に以下の三つは不可欠である。

Integrity（会社の品格、誠実性、社徳）

Accountability（説明責任、責任能力）

Transparency（透明性、オープン経営）

Integrityは品格、誠実性と訳されるが、個人では人徳、企業では社徳に当たり、これは世のため、人のための実践で「徳」を積み、温和でバランス感覚があり誠実な「柔和質直」な人格や企業の品格を目指すことを意味している。

Accountabilityは通常、「説明責任」を指すが、あらゆるステークホルダー（利害関係者）に対し企業の状況をきちんと正しく説明し、責任を果たすことである。世の中の人々にわかるように丁寧に説明し、結果に対しての責任を持つことである。

Transparencyは「透明性」であるが、顧客の様々な声を謙虚に受け入れそれを活かし、世間

から見れば問題があれば対策も含めて世間に公表していくオープンな経営を目指すことを意味している。顧客に対しての発信力、コミュニケーションの良さなどが含まれる。

## 九　終わりに

今や企業倫理の確立が企業価値の向上と企業組織の持続可能性を高めると言っても過言ではない。企業の存在意義は人々の暮らしの向上、夢の実現やライフスタイルの変革の為にあり、そして経済、環境、社会に適切に貢献しているかどうかにある。企業は社会の信頼と共感無くして成り立たない。経営者やそこに働く従業員が、企業倫理を仏教的な精神的土壌をもって実践・継続し、価値観の多様性を認め、社徳を積み、社会正義、公正、安全な社会の発展に貢献していく社会的使命が今こそ強く求められる時代になっている。

そして重要なことは、企業や組織のトップが、企業倫理やコンプライアンスに本気で取り組み、健全な企業風土を築くこと、フェアプレーの最優先、法令違反は許さない、隠蔽も許さないなどについて自らの言葉で、繰り返し社員に発信することである。

経済のグローバル化の試練や地方経済の疲弊化、デフレ経済によるコスト削減圧力と収益低下、海外流出、電力不足、雇用不安など現在の日本企業が抱える課題は多いが、土台である企業倫理をしっかりと固めた上で、顧客重視、本業重視、品質本位、従業員重視などの経営を行なっていくことが求められている。

【参考文献】

梅田徹『企業倫理をどう問うか――グローバル化時代のCSR』日本放送出版協会、二〇〇六年
庭野日敬『新釈法華三部経』全一〇巻、佼成出版社、一九八九年
高巌・日経CSRプロジェクト編『CSR 企業価値をどう高めるか』日本経済新聞社、二〇〇五年
伊藤真『会社コンプライアンス――内部統制の条件』講談社現代新書、二〇〇七年
高巌『コンプライアンスの知識〈第二版〉』日経文庫、二〇一〇年
浜辺陽一郎『図解コンプライアンス経営〈改訂版〉』東洋経済新報社、二〇〇三年
小林英明『会社を不祥事から守る法律知識――コンプライアンス経営のすすめ』PHP研究所、二〇〇三年
石島隆『図解内部統制のしくみがまるごとわかる』ナツメ社、二〇〇六年
柴田徳太郎『資本主義の暴走をいかに抑えるか』ちくま新書、二〇〇九年
長谷川俊明『リスクマネジメントの法律知識〈第二版〉』日経文庫、二〇〇七年

高木哲也『日本企業よ 自分を貫け、日米の企業経営を比較する』草思社、二〇〇三年
花崎正晴・寺西重郎編『コーポレート・ガバナンスの経済分析――変革期の日本と金融危機後の東アジア』東京大学出版会、二〇〇三年
藤原正彦著、ジャイルズ・マリー訳『国家の品格――対訳ニッポン』ＩＢＣパブリッシング、二〇〇七年
岩井克人『会社はだれのものか』平凡社、二〇〇五年
後藤啓二『企業コンプライアンス』文春新書、二〇〇六年
吉川廣和『壁を壊す――7年で経営利益を10倍にした老舗企業の破壊的改革』ダイヤモンド社、二〇〇七年
倉都康行『投資銀行バブルの終焉――サブプライム問題のメカニズム』日経ＢＰ社、二〇〇八年

第八章

# 経済活動における競争の倫理

【経済倫理】……内山義英

# 一　はじめに

何年か前の話であるが、筆者が勤務する大学で奨学金の面接委員をしていた時のことである。面接に来ていたのは、四月に入学したばかりの一年生であった。私が奨学金を希望する理由を尋ねると、だいたい以下のような答えが返ってきた。

「私が大学入試に合格した後の三月になってからですが、両親の経営する会社が海外からの安い輸入品に負けて倒産してしまいました。ですから、私自身は大学に入るのをあきらめて働くつもりでいました。しかし、両親は『お前が頑張って合格したのだから、大学には行きなさい。お金のことは心配しなくていいよ。』と言ってくれました。私としてもこれ以上両親には負担をかけられないので、奨学金とアルバイトで生活できるようにしていきたいと思います。奨学金を受けられるよう、是非よろしくお願いします。」

こんな話を聞かされて奨学金は無理です、とはとても言えない。最終的にこの学生は奨学金を給付されるようになったと記憶している。海外との貿易取引では、安い輸入品が入ってくるため、大学に入学するどころか、普段の生活さえも脅かされるような非常に厳しい状況に追い込まれる人たちが出てくる。

現代は「グローバル経済の時代」と言われる。グローバル化（グローバリゼーション）とはヒト、カネ、モノの移動が国際間で活発になることである（野口（二〇〇七）、四〇―四四ページ）。そのため、「日本経済がグローバリゼーションの時代に生き残っていくためには、経済の構造改革を進めて競争に勝っていく必要がある。」という意見はよく聞かれる。

しかし、モノの移動に相当する貿易取引一つを考えても、貿易を行うことにより成長する産業と衰退する産業があるため、国内では利益を受ける人々と不利益を被る人々が出てくる。つまりグローバル化は競争原理に基づいているので、必ず勝者と敗者を生み出す。いわゆる格差問題である。それ故、冒頭に挙げた大学生の話のような厳しい現状があるので、競争原理にもとづいたグローバル化で本当に良いのか、という疑問が日本では常にある。

大竹（二〇一〇）によれば、日本は資本主義の国のなかで、例外的に市場競争に対する拒否反応が強い国だそうである。朝日新聞のアンケート調査では、「競争は好きですか？」という質問に対し、「はい」と答えたのは四三%、「いいえ」と答えたのは五七%であったという（『朝日新聞』二〇一〇年八月二八日朝刊、一二ページ）。「いいえ」と答えた人々の中で最も大きな理由は「心穏やかに生きたい」であり、次いで「人と比べることに意味はない」が多かった。

つまり、人生は競争による勝ち負けで決まるものではない、という価値観があるからであろう。一方で「はい」と答えた人々の理由は、「競争は好き嫌いの問題ではなく、社会の発展のためには必要不可欠」、あるいは「努力するものとしないものが同じ扱いでは、努力する者がいなくなる」という意見が目立っている。つまり、グローバル化して相互依存が一層深まりつつある現代において、個人や企業、あるいは社会が発展していくためには競争は不可欠なもの、という側面もある。企業はお互いに競争してこそ、より良い製品やサービスを消費者に提供できるのである。

では、本来競争とは一体何なのか。そして、競争に対して私たちはどのように向き合っていけば良いのか。こうした疑問に対して、本章ではデビッド・リカード、アダム・スミスの古典と呼ばれる著作から解釈していく。彼らの著作は二〇〇年以上も前に書かれたものではあるが、現代に生きる私たちに対して、今なお重要な示唆を与えてくれている。

## 二　勝者と敗者をもたらす競争の結果

前述の朝日新聞のアンケート調査において競争が嫌いな人の理由をみていくと、競争そのものよりも、競争は勝者と敗者を生むだけだ、という競争の結果が嫌だ、とも読み取れる。スポーツにおける試合での競争の結果、勝者もしくは敗者になることはともかく、経済活動における競争で敗者になった場合は、冒頭の大学生の家庭の例にもあるように、普段の生活すらも脅かされることになるので悲惨である。競争は、必然的に勝者と敗者を生み出してしまうのであろうか。

デビッド・リカードがその著書『経済学および課税の原理』（一八一七年）の中で明らかにした「比較優位の原則」は、経済活動において勝者や敗者を生み出すような「競争」で考えるべきものと、そうではないものがあることをも示してくれている。経済活動が勝者と敗者を生み出す「競争」であるかどうかの区別は、実は資源の有限性に直面しているかどうかに関わっているのである。

リカードが『経済学および課税の原理』の中で明らかにした「比較優位の原則」は、もともとは国と国の間の貿易取引の仕組みを説明したものである。「比較優位の原則」に基づく貿易取引の仕組みの詳細は本章の補論で解説しているので、関心のある読者はぜひ読んで頂きたい。ここでは、私たちにとって身近な、ファミリーレストランの運営という経済活動を例にして「比較優位の原則」を説明する。「比較優位の原則」は分業の利益の本質を見事に説明したものであり、国家間の貿易取引の仕組みを説明するだけではなく、私たちの普段の生活や仕事、あるいは組織やチームの人事にも応用が可能な原則なのである。

## 1　比較優位の原則に基づく分業

今やどこにでもあるファミリーレストランでは調理と接客が主な仕事であるが、簡単化のために働く人はAさんとBさんという、二人の正社員だけとしよう。Aさんは調理師免許を持ち、調理は得意であるが接客はあまり得意でない。一方Bさんは、調理はできないが、笑顔が爽やかで接客がとても上手である。このとき、Aさんは調理に「絶対優位」があり、Bさんは接客に「絶対優位」がある、という。ファミリーレストランがこの二人の正社員で運営されるとき、Aさんが調理を担当し、Bさんが接客を担当することは誰の目から見ても明らかであろう。つまり、AさんとBさんの絶対優位が何にあるかに基づいて分業の形態が決まる。

次に以下のケースを考えてみよう。Bさんが家庭の都合で突然退職してしまったので、Aさんは Bさんの代わりとして大学生のC君をアルバイトとして採用した。しかし、C君は調理がまったくできない。一方接客についても、あまり得意でないAさんと比べても下手である。このときは、Aさんは調理と接客の両方とも「絶対優位」であり、逆にC君は調理も接客も「絶対劣位」である、という。すなわち、絶対優位のAさんと絶対劣位のC君の間での分業のケースである。

一般的には、このようなケースでは分業は成立しないと考えられてしまう。そこで、絶対優位のAさんが調理も接客もする場合を考えてみよう。お客からの注文を聞くために客席に行って注文を聞き、それから厨房に入って調理をすれば、かなりの時間がかかる。そこで、注文を受けてから料理を出すまでの時間をできるだけ短くしようとすれば、たとえ調理も接客も下手であっても、絶対劣位のC君に接客は任せ、Aさんは調理に専念したほうが良い。つまり、AさんとC君の分業である。

では、なぜ絶対劣位のC君に調理ではなく、接客を任せるのか。その理由は、C君の場合、調理は全く駄目だが接客は多少はできるからである（逆に、C君に調理を任せた場合、悲惨な料理になることは容易に想像できるであろう）。換言すれば、アルバイトのC君は正社員のAさんと比べれば両方とも下手だが、「よりまし」な仕事は接客なのである。この状態、すなわち両方とも下手だが「よりまし」な仕事を「比較優位」のある仕事という。一方AさんはC君と比べれば両方とも上手だが、「よりまし」あるいは「より得意」な仕事は調理になる。すなわち、Aさんの「比較優位」は調理にある。

このファミリーレストランの例では、人材という資源が正社員Aさんとアルバイト学生C君の二人と限られており、また接客や調理にかける時間は短いほどよい。したがって調理に比較優位を持つAさんが調理に専念し、接客に比較優位を持つC君が接客に専念してお互いに協力すれば、注文を受けてから調理するまでの時間を短くすることができ、ファミリーレストランの運営は円滑に行われる。Ｃ君が絶対劣位だからといって何の役にも立たないのではなく、むしろ絶対優位のＡさんと協力することによって、Ａさんがより得意な分野に専念することを可能にしてくれるのである。Ａさんにとって、Ｃ君は不可欠の存在なのである。これが比較優位に基づく分業の利益である。

以上のように、人材が有限な状態では、たとえ一方がすべてにおいて絶対優位、他のもう一人が絶対劣位であっても、比較優位に基づいてお互いに協力する活動が重要なのである。もし人材という資源が無限であれば、つまり例えばこのファミリーレストランは外部からいくらでも優秀な人材を即座に調達できるのであれば、正社員と比べても遜色ない、優秀な人を採用して接客と調理を分業すればよいであろう。

## 2　競争の種類

これまでに説明されてきたリカードの「比較優位の原則」から、競争について示唆されることとは何であろうか。個人や組織、あるいは社会が発展していくためには競争は不可欠なものであろうが、「比較優位の原則」で示されたことを考えれば、以下のように説明できるであろう。

まず、「資源が無限ならば、競争によって絶対優位を目指すべき」である。一方、「資源が有限ならば、競争によって比較優位を目指すべき」である。前者は絶対優位であるから、他者に勝って一番を目指すものであり、私たちが従来から「競争」としてイメージしている、人と勝ち負けを争うものである。逆に後者は比較優位であるから、他者に勝つというより、他者と差別化を図ることである。つまり同じ競争といっても、資源の有限性に直面しているかどうかで、目指すべきところが変わってくるのである。

絶対優位を目指す競争なのか、それとも比較優位を目指す競争なのか、簡単な例で考えてみよう。例えば、ワールドカップやオリンピックに出場する自国の代表選手を選ぶ場合である。自国民という資源が無限ということはないが、一国の人口は少ない国でも数十万人、多い国では一〇億人を超える。その中から自国の代表に選ばれるためには、絶対優位を目指さなければならない。つまり競争に勝って一番を目指さなければならないのである。

一方、例えば休日の朝、集まった九人の仲間だけで野球の試合をするとき、誰がどのポジションを守るかを決める場合はどうだろうか。何をやらせても上手い絶対優位の人もいれば、何をやらせても下手な絶対劣位の人もいる。しかし、九人と限られた人数しかいないので、絶対優位の人も絶対劣位の人も比較優位に基づいて、九人全員が「よりまし」なポジションを決定する。つまり、人材という資源が九人という有限の場合は、比較優位の原則に基づいてポジションを決めなければ、試合にすら出られなくなるのである。

ただし、絶対優位を目指す競争なのか、あるいは比較優位を目指す競争なのかは常にそうである、という固定的なものではない。先のファミリーレストランの運営の例で考えてみよう。現時点では、確かにアルバイトのC君は正社員のAさんと比べて調理も接客も絶対劣位である。しかし将来のことまで考えるならば、二人の関係は変化する可能性が考えられる。例えば、C君がAさんからいろいろなことを学び、努力を続けていくことにより、いずれはAさんよりも上手くなっていき、C君が接客で絶対優位になる、場合によっては調理で絶対優位になる可能性も考えられる。そのときはC君とAさんで絶対優位に基づいた分業が可能になる。つまり、現時点では比較優位でしかなくても、将来的にはいずれかの分野で絶対優位を持てるようになる可能性がある。

つまり、「競争」が繰り返されることを変化の一過程ととらえれば、ある一つの競争の結果起こる勝敗は一時的なものであり、競争とは「より良い」自分の適性に気付く過程である。したがって、最初は比較優位のあるところで努力していくことにより、つまり競争することにより、いずれは絶対優位を持つようになるのである。

## 3　資源の有限性の認識

競争によって絶対優位を目指すべきなのか、あるいは比較優位を目指すべきなのかの区別は、資源の有限性に直面しているかどうかで決まることが示された。大井（二〇〇九）はこの資源の有限性に着目し、日本は協調型社会であるのに対し、アメリカは競争型社会であると指摘している。

日本は島国であり、鎖国を続けた江戸時代数百年の歴史をみても資源の有限性を常に意識した経済活動になっていた、と考えられる。つまり日本では、競争に負けた場合に再起を期して開拓する土地（資源）もないことから、他者に勝って一番を目指す競争はお互いにやりにくいのである。そこで限られた土地をどう利用していくか、お互いに役割分担して協力することが重視されてきた。

一方のアメリカは、歴史的に見ればヨーロッパから広大なアメリカ大陸に移住してきたので、資源の有限性はあまり意識しなくても良い経済活動になっていた、と考えられる。つまりアメリカでは、競争に負けた場合には新たな土地を開拓して再起できる機会がある。したがってアメリカでは、開拓者精神（フロンティア・スピリット）が重要視されてきた。それゆえ日本のように限られた土地の中でお互いに協力することよりも、他者に勝って一番を目指す競争が重視されてきた。

日本とアメリカを比べた場合、こうした歴史的な背景があるから、現代でも競争に対する考え方が異なっているのではないだろうか。つまり、日本は協力重視、アメリカは競争重視の経済活動になっていると見ることができよう。したがって先のアンケートの結果にあるように、日本人の多くにとって絶対優位を目指す、つまり他者に勝って一番を目指す競争はネガティブな競争で、一方比較優位を目指す、つまり他者と差別化を図る競争はポジティブな競争というイメージを持つのではないだろうか。

では、どうしたら資源の有限性に直面しているかどうかを考えることができるのか。その答えは、世の中を個と個の競争する場としてミクロ的に見ていく一方で、競争し合う個々が属する社会や国家、世界（地球）といったマクロの視点でも見ていくことができるかどうか、にあると考えられる。

普段の私たちの生活はいろいろな競争に直面しているが、その競争もいろいろな条件がそろって初めて可能になるのである。しかし近年は地球環境が破壊されていくことや、二〇一一年に起きた東日本大震災によって引き起こされた原発事故で電力も不足している。今まで当たり前だと思っていた自然環境や電力を使うことが、実は当たり前ではないことにいやでも気づかされるようになってきた。したがって、マクロ的視点になるためには、私たちが「生かされている」ということに気付けるかどうか、なのである。

しかし、仮に競争によって負けた状態であっても、マクロ的視点になれるのか。それは、競争が繰り返されることを変化の一過程ととらえれば、ある一つの競争の結果起こる勝敗は一時的なものであり、競争とは「より良い」自分の適性に気付く過程である。したがって、最初は比較優位のあるところで努力していくことにより、つまり競争することにより、いずれは絶対優位を持つようになるのである。

## 三　競争の倫理

先に紹介した朝日新聞のアンケート調査「競争は好きですか？」の中で、競争は嫌いと答えたもう一つの理由は、「公平な競争などありえない」というものである。本来競争するに際しては、守るべきルールあるいは倫理が当然必要である。しかし現実の経済活動の場合、守るべきルールや倫理自体がなかったり、あったとしても守られない場合も数多い。したがって、「ルールと倫理がない世の中なので、競争は厭だ」ということになる。

では、経済活動で競争するにあたってのルール、あるいは倫理とはいかなるものであろうか。経済学の祖といわれているアダム・スミスは、『国富論』（一七七六年）の著者として有名である。彼の『国富論』における主張は、「見えざる手」という言葉に象徴されるように、政府による市場の規制を撤廃し、競争を促進することにより、経済成長率を高め豊かで強い国を作るべきだ、とこれまで考えられてきた。しかし彼は無条件にそのように考えていたわけではない。堂目（二〇〇八）によれば、アダム・スミスが『国富論』の前に著した『道徳感情論』（一七五九年）は、市場社会を存続させるための道徳的条件を示すものであり、そこで述べられている人間観や社会観が『国富論』で展開される主張の基礎となっている。彼は『道徳感情論』の中で、あるべき競争の姿について明確に述べている。その内容を一言で表せば、「競争は、フェア・プレイの精神にのっとること」である。彼のいう「フェア・プレイの精神」とは一体どのようなものであろうか。以下でアダム・スミスの『道徳感情論』で述べられている人間観や社会観をもとに、「フェア・プレイの精神」を説明する。

## 1　アダム・スミスの人間観

堂目（二〇〇八）によると、『道徳感情論』の中核をなす概念は「同感」(sympathy) である。同感とは、他人の感情を自分の中にも引き起こそうとする人間の能力である。私たち人間は、利己心を持っている一方で、他人の感情や行動に関心を持っている、とアダム・スミスは述べているのである。

そして私たちが次にすることは、もし自分が他人と同じ境遇であれば、どのような感情をもつであろうか、あるいはどのように行動するであろうか、と想像することである。すなわち、相手（他人）の立場に立って考えるのである。そのときに想像される感情や行動と、他人が実際に持つ感情やとる行動が同じ場合には、他人の感情や行動を適切なものとして是認し、著しく異なる場合には不適切なものとして否認する。

私たちは、できるだけ多くの人たちから是認（あるいは称賛）を受けたい、一方で誰からも否認（あるいは非難）されたくないと願うが、すべての人たちから同時に是認を受けることはとても困難である。ある人の是認を得ようと行動したために他の人から否認され、心の平静を失うこともしばしば経験する。そこで私たちはこうした経験をもとに、自分の心の中に「公平な観察者」（impartial spectator）を形成し、この胸中の公平な観察者が自分の行動を是認するか否認するかによって、その行動の適切性を判断するようになる。「公平な」とは、自分と何の利害関係もない、あるいは親しい家族や友人でない第三者、という意味である。

したがって私たちは、実在する観察者（世間）と胸中の公平な観察者の両方から、是認または否認の判断を受けることになる。しかし、もし仮に実在の観察者と胸中の公平な観察者の判断が異なる場合、私たちはどちらの判断を重視するのであろうか。両者の判断が異なるとは、人がある行為をするときの動機と結果が異なってくるような場合、例えば良かれと思ってしたことが、結果的に他人に害悪を与えてしまうような場合である。このような場合は、胸中の公平な観察者は動機の善良性を見て称賛（是認）するが、実在の観察者（世間）は害悪を与えた結果を見て非難（否認）するであろう。

アダム・スミスは、「賢人」（wise man）は胸中の公平な観察者の判断を重視するが、「弱い人」

(weak man) は世間の判断を気にする、と考えた。ただ実際には、すべての人間は「賢い人」の部分と「弱い人」の部分の両方を持っていると考えたほうがより現実的であろう。私たちの中にある「賢さ」は、自分の考えや行動が胸中の公平な観察者からみて是認してもらえるようにする。逆に私たちの中にある「弱さ」は世間の判断を気にし、さらに時には胸中の公平な観察者の判断を無視してまで、自分の利益を優先させようとする。つまりスミスは、「人間は誰も弱い部分を持っている。だから他人の評価を気にする。これもまた人間の本性である。」と述べているのである。

## 2 アダム・スミスの社会観

以上のような賢さとともに弱さを持つ私たち人間からなる社会において、アダム・スミスは社会の秩序がいかにして形成されると考えていたのであろうか。堂目（二〇〇八）によれば、社会秩序は人間がそれを意図しないにもかかわらず、人間の諸感情の作用によって形成されるが、人間のもつ「弱さ」ゆえに完全な社会秩序はこれまでに実現したことがない。

社会秩序形成の出発点は、胸中の公平な観察者の判断である。私たちの胸中の公平な観察者は、第一に正義を侵犯する、すなわち他人の身体・生命・財産・名誉を傷つけることを非難する。第二に慈恵、すなわち他人の利益を増進することを称賛する。なぜなら、私たちは不正な行為を受ける人の憤慨や悲嘆に同感し、また慈恵を受ける人の感動や喜びに同感するからである。このような胸中の公平な観察者の判断は、生まれつき私たちに与えられているのではなく、他人との関わりによって、自分が所属する社会の中で経験的に学び取っていくものである。

このように、経験を重ねることで学びとっていく胸中の公平な観察者の判断を、私たちは自分のあるべき行為の基準として顧慮すべき、という感覚を持つ。これをアダム・スミスは「義務の感覚」(sense of duty)と呼び、「人間生活において最大の重要性を持つ原理であり、人類のうちの多数がそれによって自分の行為を方向づけることができる唯一の原則」(『道徳感情論』第三部第四編、三六〇ページ)であると考えた。さらに、人間が自分の利益を第一に考えようとする利己心や自愛心もこの義務の感覚によって制御されるべきもの、と考えていた。

またスミスによれば、私たちは慈恵よりも正義に対して義務の感覚にしたがおうとしており、この違いは慈恵と正義を駆り立てる感情に対して私たちが本性的に持つ好き嫌いによって起こるという。一般に慈恵的な行為は寛容、人間愛、親切、同情、友情などの感情により行われるのであり、義務感で行われるものではない。例えば、自分の命を犠牲にしてまで他人を助ける行為を見たとき、私たちはとても感嘆あるいは感動する。これは義務の感覚を超えた、何か崇高な感情に基づいて行われたと思うからである。もし義務感で行われた行為であれば感嘆や感動などの心地よい感情はなく、場合によっては不快な気持ちになることがあるかもしれない。

したがって、義務の感覚に基づいて、私たちは、特に正義に関して厳密な社会的ルールを作る。一方慈恵に関しては厳密な社会的ルールは作らない。なぜなら、スミスは社会を支える土台は正義であって、慈恵ではないと考えているからである。慈恵的な社会はそうでない社会よりも快適ではあるが、社会を維持し存続させるために不可欠なのは慈恵ではなく、正義である。『国富論』において主張される、利己心に基づいた自由な経済活動も、義務の感覚によって制御されるべきものであり、無制限の利己心が容認されていたわけではない。

## 3　競争におけるフェア・プレイの精神

アダム・スミスの『道徳感情論』は社会秩序を導く人間本性は何かだけでなく、富の増大をもたらす経済発展を導く人間本性は何かについても論じている。さらにその中で、すべての人々の間で行われる経済的な競争はなぜ起こるのか、についても論じている。

この議論の出発点には、第一に人間は誰も弱い部分を持っているために他人の評価を気にする、第二に人間は悲哀よりも歓喜に同感したいと思う傾向をもつ、というスミスの考えがある。一点目はすでに説明したとおりであるが、二点目については、喜びは同感して楽しい感情であり、悲しみは同感すると苦しくなる感情だからである。同じように、富や高い社会的地位は人に歓喜をイメージさせ、他方、貧困や低い社会的地位は人に悲哀をイメージさせる。私たちは、自分が富者になれば、あるいは高い地位につけば、他人は自分の歓喜に同感し、称賛してくれると想像する。反対に私たちが貧者になったり、低い地位になっても自分の悲哀には同感してくれず、自分を避け、軽蔑するだろうと想像する。

したがって、私たちは必要以上の富や社会的地位を求めるようになる。私たちが富や地位への「野心」を持つのは、それらの便利さ・快適さのためだけではなく、それらを手にすることによって得られる他人からの同感や称賛、あるいは尊敬や感嘆のためである。スミスはこのような野心の動機を「虚栄」（vanity）と呼んだ。虚栄とは、胸中の公平な観察者よりも世間に、自分に対する高い評価を求めることである。虚栄は、まさに世間の判断を重視する人間の「弱さ」に他ならない。それゆえ、他人の目を意識するという人間の本性によって、限られた富や地位の獲得をめぐる競争が起こる。

しかしスミスは、人間の「弱さ」に起因する富や地位の獲得をめぐる競争を否定していたわけではない。むしろ逆に、経済が発展するのは富や地位に対する人間の野心があるからである。なぜなら、富や地位の獲得のために人間は節約し、勤勉にもなり、さらに創意工夫も重ねるのである。『国富論』の中で詳しく説明されるように、私たち個人は、経済の発展のために貢献したいという公共心に基づくわけではなく、ただ単に自分の富や地位を求めているだけである。しかし、それが知らず知らずのうちに経済の発展を推し進めるのである。

私たちはより大きな富や、より高い地位を目指して活動するとき、同様の野心を持つ他人と競争しなければならない。ただし、人間には「弱さ」があるので、競争は放任されるのではなく、「賢さ」によって制御された、すなわち正義にかなった競争でなければならないとスミスは考えた。いわゆるフェア・プレイの精神である。不正な競争は、個人の人生を不幸にするだけでなく、社会の秩序を乱し発展を妨げるからである。スミスは次のように述べている。

富と名誉と出世を目指す競争において、彼はすべての競争者を追い抜くために、できるかぎり力走していいし、あらゆる神経、あらゆる筋肉を緊張させていい。しかし、彼がもし、彼らのうちの誰かを押しのけるか、投げ倒すかするならば、観察者たちの寛容は完全に終了する。それはフェア・プレイの侵犯であって、観察者たちが許しえないことなのである。

（『道徳感情論』第二部二編二章、二一七―二一八ページ）

この引用文にある「観察者」とは、世間（実在の観察者）ではなく、胸中の公平な観察者を意味する。スポーツなどのように明文化されたルールではないが、経済活動において競争は胸中の「公平な観察者」の是認を受けられるようなものでなければならない、とアダム・スミスは述べている。すなわち、「フェア・プレイの精神にのっとること」とは、胸中の公平な観察者の是認を受けられることなのである。さらに胸中の「公平な観察者」にしたがうことは個人だけでなく、企業などの組織、あるいは国家においても重要なことであるとアダム・スミスは指摘している。

では、どうしたら胸中の「公平な観察者」の是認を受けられるような競争をすることが私たちはできるのか。前に「公平な競争などありえない」という理由で、だから競争は嫌いと答えた例が挙げられていた。他人を押しのけて出世しようとすれば、「公平な観察者」からは当然是認されることはない。「フェア・プレイの精神」がない世の中ならば、競争はしないほうが良いのだろうか。

こうした疑問に対し、仏教は、世の中のせいにするのではなく、自分の問題として捉えていくことが重要である、と説明する。さらに庭野日敬師はそれを「自分が変われば相手が変わる」という平易な言葉で説いた。庭野師は次のように述べている。

「何か不都合な問題に直面したとき、だれしも自分の非は認めず、まわりのせいにしたがるものです。そして、そういう発想が不幸せを招いていることに気がつかないのです。ところが、「すべて自分」と受けとめると、逃げ腰になっていられません。そして「仏さまは乗り越えられない問題は出されない」と信受すれば、その問題に積極的に対処できます。

つまり、逆境であればあるほど、その縁によって自分の日ごろのあり方も反省できて、自分を深めていける。」

（立正佼成会教務部監修『「すべては自分」「まず人さま」という生き方』）

現実の経済活動においては、守るべきルールや倫理があったとしても守られない場合が多いのかもしれない。庭野師が言っているのは、だからといって競争から逃げるのではなく、むしろ積極的に競争と向き合う、あるいは自分の問題として競争をとらえることが自分を向上させるのだ、ということである。換言すれば、「競争は人とするのではなく、自分とすること」なのである。

## 四　おわりに

一口に競争と言っても、「競う」競争と「争う」競争とではまったく意味が違う。相手を負かして自分が勝つ競争、すなわち「争い」と、お互いに切磋琢磨して共に向上していく競争、すなわち「競い」の違いである。リカードの比較優位の原則に基づけば、比較優位を目指して競争するというのは、お互いに競い合うことによって自分の適性のある場を見出して努力することである。

またアダム・スミスの言うように、人間には「弱さ」がある。この弱さゆえ競争も起こるのであるが、私たちの心の大部分が「弱さ」に支配されると損得勘定が働いてしまい、とにかく相手を負かして自分が勝つ競争に執着することになる。一方で私たちの心に「賢さ」があると自他一体の心境になり、競争も切磋琢磨に変わっていく。

つまり、同じ競争といっても、自分の心境が損得勘定から自他一体にまで上がっていけば、勝敗を決する競争から切磋琢磨の競争へ自然に変わっていくことになる。そして、切磋琢磨の競争であれば、仮にある分野で負けても、競争を繰り返すことにより、別の勝てる分野を見つける、すなわち自分の適性に人は気付くことができるのではないだろうか。

【参考文献】

Krugman, Paul. (1996), *Pop Internationalism*, The MIT Press.（山岡洋一訳『クルーグマンの良い経済学 悪い経済学』日本経済新聞社、一九九七年）

デビッド・リカード著、羽鳥卓也・吉澤芳樹訳（一九八七）『経済学および課税の原理』（上・下）岩波文庫

内橋克人（二〇〇九）『共生経済が始まる——世界恐慌を生き抜く道』朝日新聞出版

大井玄（二〇〇九）『環境世界と自己の系譜』みすず書房
大竹文雄（二〇一〇）『競争と公平感――市場経済の本当のメリット』中公新書
澤田康幸（二〇〇三）『国際経済学』新世社
野口旭（二〇〇七）『グローバル経済を学ぶ』ちくま新書
松田裕之（一九九五）『「共生」とは何か――搾取と競争をこえた生物どうしの第三の関係』現代書館
堂目卓生（二〇〇八）『アダム・スミス――『道徳感情論』と『国富論』の世界』中公新書
吉田耕作（二〇一〇）『統計的思考による経営』日経BP社
アダム・スミス著、水田洋訳（二〇〇三）『道徳感情論』（上・下）、岩波文庫
アビナッシュ・ディキシット、バリー・ネイルバフ著、嶋津祐一、池村千秋訳（二〇一〇）『戦略的思考をどう実践するか』阪急コミュニケーションズ

## 補論　貿易の仕組み

この補論では、リカードが比較優位の原則の基づいて明らかにした貿易の仕組みを解説する。貿易の仕組みは決して難しい話ではないが、世間一般では誤解されてしまうことが非常に多い。

誤解されることが多いため、例えば貿易について、よく次のような意見が見受けられる。

(1)外国と貿易をするためには、自国の国際競争力を高めていかなければならない。
(2)低賃金の国々との貿易は輸入するばかりで、輸出はできない。

一見すると両方とももっともらしく思えるが、実はこの二つの意見はともに比較優位の原則を理解していないがために起こってくる誤解なのである。なぜこれらの意見が正しくないのかを含め、以下で比較優位の原則に基づく貿易の仕組みを解説する。

## 1　貿易の前提条件

日本の貿易取引の相手国は、二〇〇九年に中国が輸出・輸入ともにアメリカを抜き最大になった。かつてはアメリカが群を抜いて最大の貿易相手国であったが、一九九〇年代に入ってから中国への輸出、また中国からの輸入が急激に増加し、とうとうアメリカを上回ったのである。中国との貿易取引が最大になったのは何故であろうか。例えば、輸入について中国製品は日本製よりも低価格だから、という理由がすぐ思い浮かぶのではないだろうか。ではなぜ低価格なのかというと「中国の賃金は日本と比べて安いから」ということがその理由として挙げられるだろう。つまり、日中間の賃金格差が貿易の起こる大きな要因の一つだと世間では考えられているが、国際経済学の分野では賃金格差は貿易が起こるための主要因ではない、と考えられている。

ここでは澤田（二〇〇三）で使用されている数値例に基づいて、貿易の仕組みの本質を理解するために、以下の四つの前提を置くことにする。

**前提条件**

①国の数、財の数はともに二つ（中国と日本、ＩＣチップとフリース）、また財の質は両国で同じ
②生産要素は労働のみで、賃金は両国で等しい
③貿易は物々交換（貨幣は存在しない）
④財価格（財価値）は財一単位当たり生産費用に等しい

補足すると、前提条件②は日中両国で賃金格差がないことを想定している。つまり、賃金格差がなくても貿易は起こることを説明できるのである。また前提条件④は、経済学では完全競争の仮定とも表現される。すなわち、企業間の競争が激しければ財の販売価格は下がっていか

表1　財一単位当たり生産に必要な労働者数

| | 日本 | 中国 |
|---|---|---|
| ICチップ（1個） | 2 | 10 |
| フリース（1枚） | 5 | 4 |
| 総労働量 | 2000 | 5000 |

ざるを得ず、ついには生産費用と等しくなって、いわゆる利潤がなくなってしまう究極の状態を想定している。

これら四つの前提の下で、日本と中国がICチップとフリースを生産するのに必要な労働者数が表1のようになっていると想定しよう。

ここで注目すべきは、前提条件②より表の必要労働者数は財一単位当たりの生産費用になっていること、さらに賃金が両国で等しいのでそのまま両国間で生産費用の比較ができることである。したがって、ICチップ生産については、日本が中国よりも安く生産できる（2＜10）。一方、フリース生産については、日本より中国が安く生産できる（5＞4）。

このとき、日本は中国に対してICチップ生産で絶対優位（中国は日本に対して絶対劣位）であり、逆に中国は日本に対してフリース生産で絶対優位（日本は中国に対して絶対劣位）である、と表現する。ここで、前提条件①より財の質は両国で同じなので、同じ質の製品を安く生産できることはそれだけ得意であると解釈すれば、日本がICチップ生産で絶対優位ということは、日本はICチップ生産が得意で

表2　財一単位当たり生産に必要な労働者数

| | 日本 | 中国 |
|---|---|---|
| ICチップ(1個) | 2 | 10 |
| フリース(1枚) | 4 | 5 |
| 総労働量 | 2000 | 5000 |

あることを意味する。また同様に中国がフリース生産で絶対優位ということは、中国はフリース生産が得意であることを意味する。我々の常識的な理解では、日本と中国の関係が表1のような状態であるため、日本は中国から主に衣類（フリース）を輸入し、逆に中国へは主に半導体（ICチップ）を輸出している、となる。

しかし、絶対的に得意な製品がなければ貿易できないというのであれば、世界中のどの国よりも絶対的に得意な製品がない国は、貿易取引に参加することができなくなる。現状は、どの国も活発に貿易活動を行っているのである。

そこで、次の表2のようなケースを考えてみよう。

この表2は、日本が両財とも安い費用で生産できることを示している。すなわち、日本は中国に対して、ICチップとフリースの両財で絶対優位(中国は日本に対して絶対劣位)にある(2＜10,4＜5)。我々の常識的な理解では、日本と中国の関係が表2のような状態であれば、貿易は行われない。中国はともかく、日本にとっては何のメリットもないと考えられるからである。

しかし、日本と中国がたとえすべてにおいて絶対優位・絶対劣位の関係であっても、貿易を行うことによりお互いにとって利益がある、というのが国際経済学の分野における貿易理論の内容である。以下では、貿易によるメリットがどのようなものであるかを明らかにするために、表2に基づいて貿易を行わない自給自足状態と、両国が貿易を行う状態を示して比較する。

## 2 貿易を行わない——自給自足状態

まず、表2の数値をもとに両国の生産能力を明らかにする。日本では、労働をすべてICチップ生産に用いるならば、一〇〇〇個（2000/2=1000）生産可能である。逆にもし労働をすべてフリース生産に用いるならば、五〇〇枚（2000/4=500）生産可能である。一方の中国は、労働をすべてICチップ生産に用いるならば、五〇〇個（5000/10=500）生産可能である。逆にもし労働をすべてフリース生産に用いるならば、一〇〇〇枚（5000/5=1000）生産可能である。

以上の生産能力は、しかしながら、一方の財のみを生産するときの最大量である。自給自足の場合は、国内消費者のために両財をバランスよく生産することが通常は求められる。そこで、両国は総労働量の半分を使って、それぞれを財の生産・消費する、と想定しよう。そうすると日本の自給自足状態におけるICチップとフリースの生産量はそれぞれ五〇〇個

（1000/2=500）、二五〇枚（1000/4=250）になる。一方の中国は、自給自足状態では総労働量の半分二五〇〇単位を使って、ＩＣチップは二五〇個（2500/10=250）、フリースは五〇〇枚（2500/5=500）を生産・消費することになる。

次に、貿易前の両国内でのＩＣチップの機会費用を考える。日本ではＩＣチップを一個増産するためにフリースの生産は〇・五枚諦めればよい（2/4=1/2=0.5）。中国ではＩＣチップを一個増産するためにフリースの生産は二枚諦めなければならない（10/5=2/1=2）。ということは、日本では、ＩＣチップ一個とフリース〇・五枚が同じ費用になり、中国では、ＩＣチップ一個とフリース二枚が同じ費用、ということになる。

したがって前提条件④より財価格は生産費用と等しいから、日本では中国と比べてフリースの価格が高い（ＩＣチップの価格が安い）状態であり、逆に中国では日本と比べてＩＣチップの価格が高い（フリースの価格が安い）状態である。このとき、日本はＩＣチップ生産に比較優位があり、中国はフリース生産に比較優位がある、と表現する。つまり、比較優位とは、日本と中国で相対的に生産費が安いこと（2/4<10/5 or 4/2>5/10）をいう。もっと簡単な表現をすれば、比較優位とは、ＩＣチップ、フリースの生産が他国と比べて両方とも得意（下手）だが、どちらの財の生産が「よりまし」か、ということを意味している。

### 3　日本と中国で貿易を行う

両国は比較優位のある財に生産を特化（すべての労働を特定の財の生産に用いる）し、その生産量の半分を相手国に輸出すると想定しよう。そうすると日本はＩＣチップ一〇〇〇個を生産し、うち五〇〇個を中国に輸出する。また中国はフリース一〇〇〇枚を生産し、うち五〇〇枚を日本に輸出する。日本と中国の間でＩＣチップ五〇〇個とフリース五〇〇枚がそれぞれ輸出、輸入されるということは、ＩＣチップ五〇〇個とフリース五〇〇枚が等価値だからである。したがって、両財の交換比率は、ＩＣチップ一個でフリース一枚と交換できる（500/500＝1）、となる。

この交換比率は、貿易をしないときと比べて、日本ではフリースの価格が安くなり、中国ではＩＣチップの価格が安くなった、と表現することができる。貿易前に高かった財が貿易後安く買えるようになることを、一般に貿易利益と呼ぶ。

### 4　貿易はなぜ比較優位に基づくのか

以上で、貿易取引は比較優位に基づいて行われることが明らかになった。しかし、なぜ比較優位でなければいけないのか。その答えは、各国の生産資源は有限だからである。先の例に沿って考えると、日本では総労働量は二〇〇〇人、中国では五〇〇〇人と限られており、これらの労働を用いてICチップとフリースを生産しなければならない。生産技術が進歩しない限り、日本では最大で一〇〇〇個のICチップしか生産できず、そのときはフリースの生産はあきらめなければならない。逆にフリースは最大で五〇〇枚しか生産できず、そのときはICチップの生産をあきらめなければならない。日本がICチップ、フリースの両財に絶対優位があるといっても、総労働量が限られている以上、日本だけでなく中国の分まで生産するのには無理がある。

そこで、日本と中国がそれぞれ有限な資源（労働）を相対的に得意（比較優位）な分野に効率的に配分して分業すれば、日本では一〇〇〇個のICチップを生産でき、中国では一〇〇〇枚のフリースを生産できるわけだから、両財の生産量は、日本と中国を合わせると絶対優位にある日本がすべて生産するよりも多くなる。そして比較優位財をお互いに輸出し合えば、両国ともに利益を得られるのである。ということは、貿易取引はまさにお互いの国が協力し合う経済活動になる。

国と国との貿易取引は一国の生産資源が有限である以上、比較優位に基づいて行われなければならない。もし一国の生産資源が無限に存在するならば、絶対優位の国がすべてを生産し、絶対劣位の国に分けてあげればよいであろう。

表3　財一単位当たり生産に必要な労働者数

| | 日本 | 中国 |
|---|---|---|
| ICチップ（1個） | 20 | 10 |
| フリース（1枚） | 40 | 5 |

## 5　貿易に対する誤解

最後に、先に紹介した貿易に対する誤解の典型的な例をもう一度挙げる。

(1)外国と貿易をするためには、自国の国際競争力を高めていかなければならない。

(2)低賃金の国々との貿易は輸入するばかりで、輸出はできない。

(1)も(2)もともに貿易が絶対優位に基づいて起こると考えているからこそ出てくる誤解である。まず(1)は、「国際競争力を高める＝絶対優位になる」ととらえることができる。貿易する際は絶対優位になる必要なく、比較優位であれば良いのである。したがって、貿易に際して国際競争力を高めることは必ずしも必要ではない。

次に、(2)の説明は以下のとおりである。まず、先の表2の状態と比べて、上の表3のように日本の賃金が中国の一〇倍のときを考えよう。

この表3では、表2のケースとは逆に中国が日本に対してICチップとフリースの両財で絶対優位（日本は中国に対して絶対劣位）である。すなわち、ＩＣチップについては、20>10、フリースについては、40>5である。しかし比較優位で考えれば、表2のケースと同じように日本はＩＣチップ生産に比較優位があり、中国はフリース生産に比較優位がある。すなわち、ＩＣチップについては、20/40<10/5、フリースについては、40/20>5/10である。つまり、日本の賃金が十倍になっても両国の比較優位関係には影響を及ぼさないので、日本は比較優位のあるＩＣチップを中国に輸出することができるのである。

【執筆者紹介】

## 篠崎友伸（しのざき・とものぶ）

1946年（昭和21年）生まれ。アメリカ合衆国ヴァンダービルト大学大学院宗教学研究科博士課程修了。哲学博士。現在、学校法人芳澍女学院情報国際専門学校校長、財団法人国際宗教研究所評議員。立正佼成会理事、立正佼成会学林学長、中央学術研究所所長等を歴任。

## 眞田芳憲（さなだ・よしあき）

1937年（昭和12年）生まれ。中央大学大学院法学研究科博士課程修了。現在、中央大学名誉教授、中華人民共和国政法大学比較法研究所客員教授（終身）、世界宗教者平和会議（WCRP）日本委員会理事および同平和研究所所長。

## 小池俊雄（こいけ・としお）

1956年（昭和31年）生まれ。東京大学大学院工学系研究科博士課程修了。工学博士。現在、東京大学大学院工学系研究科教授および東京大学地球観測データ統融合連携研究機構機構長。文部科学省地球観測推進部会委員等を務める。

## 勝山恭男（かつやま・やすお）

1931年（昭和6年）生まれ。放送大学教養学部卒業。立正佼成会元理事。立正佼成会人事課長、中央学術研究所所長、世界宗教者平和会議（WCRP）日本委員会事務次長、WCRP国際委員会事務次長、佼成三和会幹事長等を歴任。

## 庭野統弘（にわの・むねひろ）

1966年（昭和41年）生まれ。ローマ教皇庁立グレゴリアン大学神学部基礎神学科博士課程修了。神学博士。立正佼成会学林学監を経て学長。学校法人芳澍女学院情報国際専門学校理事、公益財団法人庭野平和財団評議員を務める。

## 浦崎雅代（うらさき・まさよ）

1972年（昭和47年）生まれ。東京工業大学大学院社会理工学研究科（価値システム専攻）博士課程修了。東京理科大学、東京工業大学非常勤講師を経て現在、タイ王国国立マヒドン大学宗教学部講師、中央学術研究所委託研究員を務める。

## 佐藤武男（さとう・たけお）

1954年（昭和29年）生まれ。慶應義塾大学法学部卒業。三菱銀行に入行し、国際企画部、香港支店、ロサンゼルス支店等の勤務を経て三菱東京UFJ銀行外為事務部長を務める。現在、「貿易電子化諮問委員会」日本代表、株式会社ビル代行常務取締役。

## 内山義英（うちやま・よしひで）

1963年（昭和38年）生まれ。青山学院大学大学院国際政治経済学研究科博士課程修了。博士（国際経済学）。現在、青山学院大学国際政治経済学部教授。財務省税関研修所非常勤講師、東京経済研究センター研究員等を歴任。

Kosei
shuppan

**社会倫理と仏教**

2012 年 3 月 30 日　初版第 1 刷発行

編　者　中央学術研究所
発行者　岡部守恭
発行所　株式会社佼成出版社
〒 166–8535 東京都杉並区和田 2–7–1
電話 (03) 5385–2317 (編集)
(03) 5385–2323 (販売)
URL　http://www.kosei–shuppan.co.jp/

印刷所　錦明印刷株式会社
製本所　錦明印刷株式会社


ISBN978-4-333-02534-3 C0015